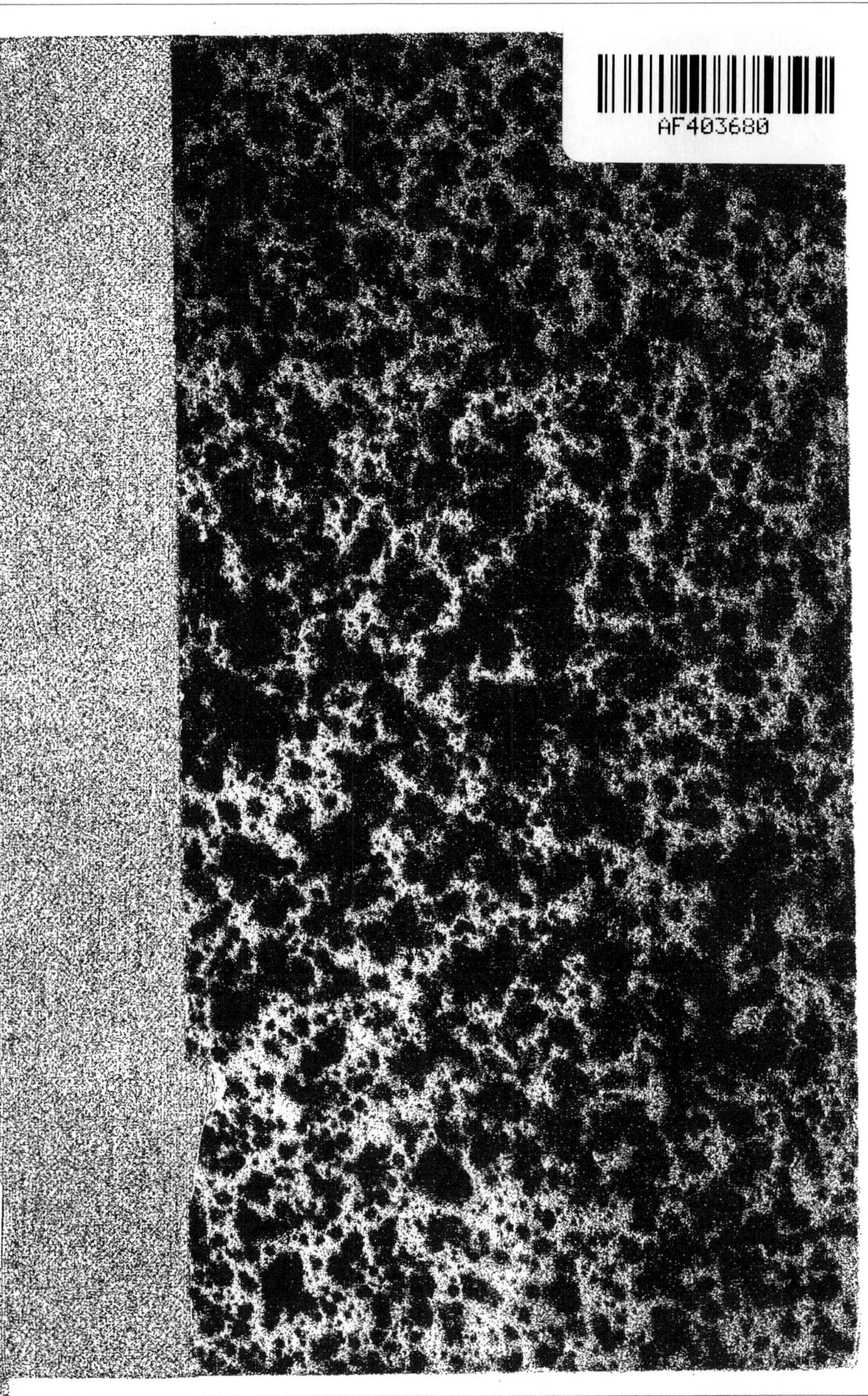

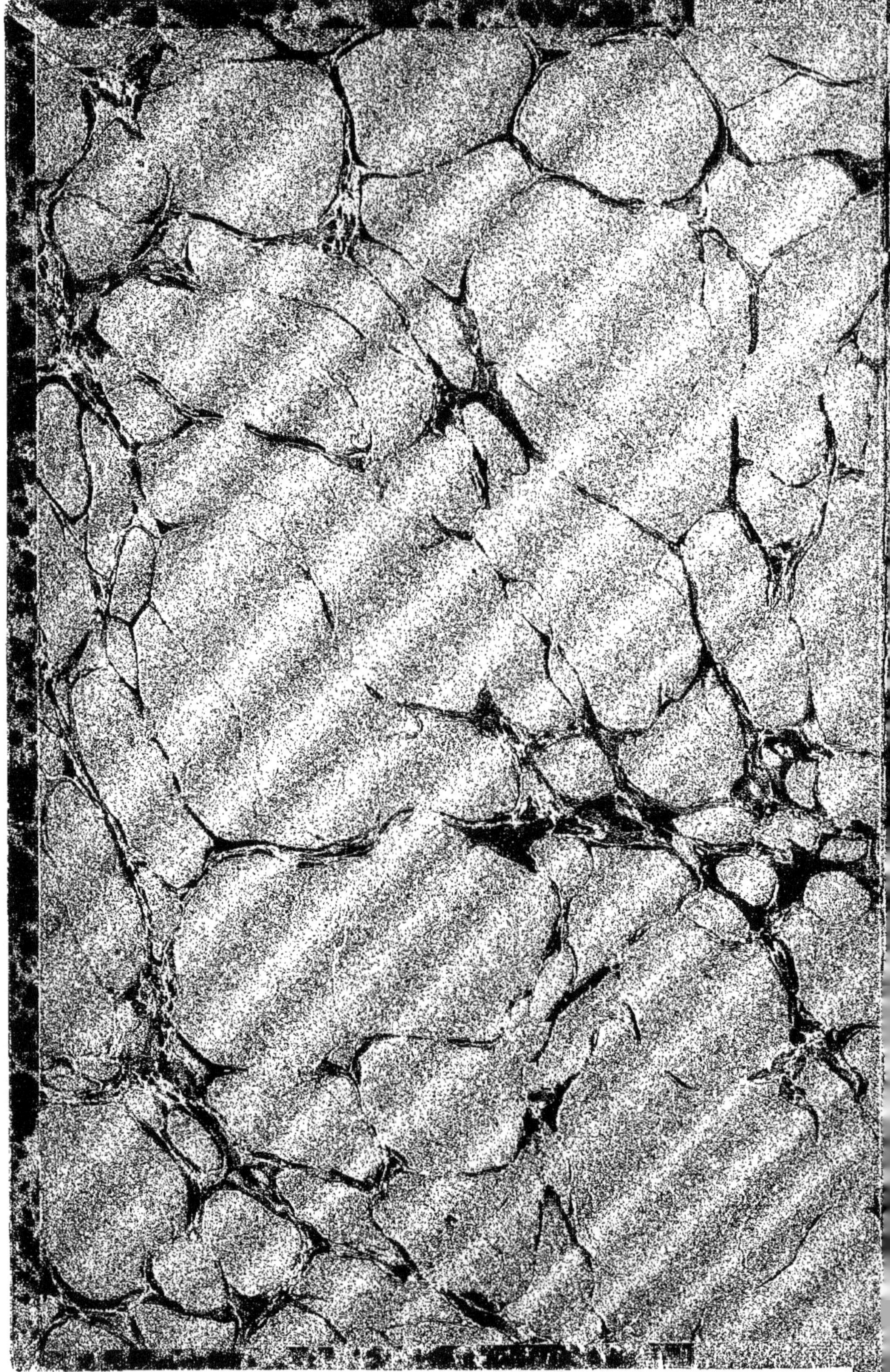

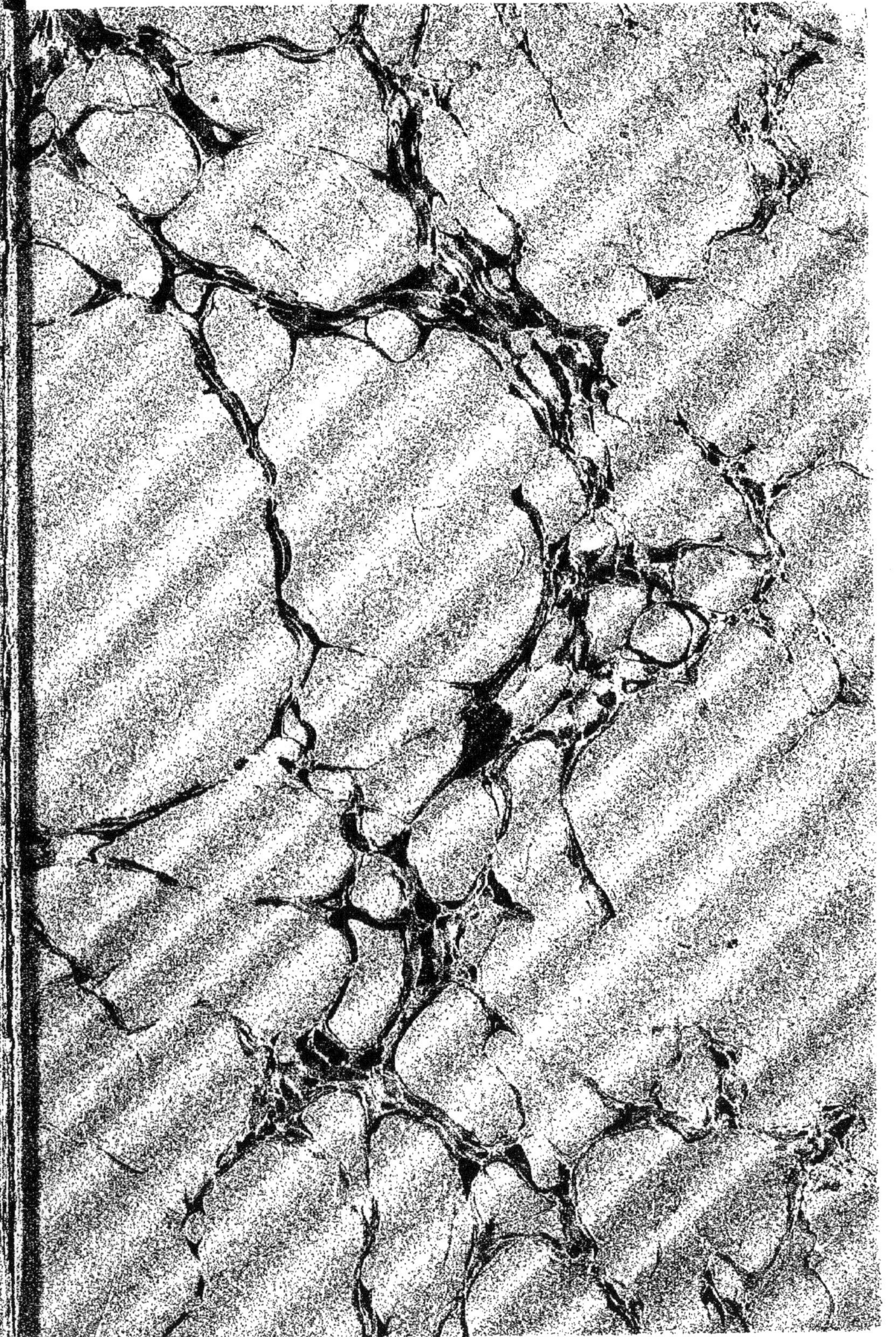

LES RÉCENTS
TROUBLES DU NORD
DE LA FRANCE
AU POINT DE VUE HISTORIQUE ET ÉCONOMIQUE

PAR

ÉMILE WATELET

AVOUÉ AU TRIBUNAL CIVIL D'AVESNES
MEMBRE DE LA SOCIÉTÉ D'ÉCONOMIE POLITIQUE
ET DE LA SOCIÉTÉ DE STATISTIQUE

AVEC UNE PRÉFACE

DE

M. YVES GUYOT

ANCIEN MINISTRE
RÉDACTEUR EN CHEF DU « JOURNAL DES ÉCONOMISTES »
VICE-PRÉSIDENT DE LA SOCIÉTÉ D'ÉCONOMIE POLITIQUE
ANCIEN PRÉSIDENT DE LA SOCIÉTÉ DE STATISTIQUE
HONORARY FELLOW OF THE ROYAL STATISTICAL SOCIETY

LIBRAIRIE

DE LA SOCIÉTÉ DU

RECUEIL SIREY

L. LAROSE & L. TENIN, Directeurs

22, Rue Soufflot, PARIS-5e

1912

Prix : **4 fr. net**

LES RÉCENTS
TROUBLES DU NORD
DE LA FRANCE
AU POINT DE VUE HISTORIQUE ET ÉCONOMIQUE

LES RÉCENTS
TROUBLES DU NORD
DE LA FRANCE

AU POINT DE VUE HISTORIQUE ET ÉCONOMIQUE

PAR

ÉMILE WATELET

AVOUÉ AU TRIBUNAL CIVIL D'AVESNES
MEMBRE DE LA SOCIÉTÉ D'ÉCONOMIE POLITIQUE
ET DE LA SOCIÉTÉ DE STATISTIQUE

AVEC UNE PRÉFACE

DE

M. YVES GUYOT

ANCIEN MINISTRE
RÉDACTEUR EN CHEF DU « JOURNAL DES ÉCONOMISTES »
VICE-PRÉSIDENT DE LA SOCIÉTÉ D'ÉCONOMIE POLITIQUE
ANCIEN PRÉSIDENT DE LA SOCIÉTÉ DE STATISTIQUE
HONORARY FELLOW OF THE ROYAL STATISTICAL SOCIETY

LIBRAIRIE

DE LA SOCIÉTÉ DU

RECUEIL SIREY

L. LAROSE & L. TENIN, Directeurs

22, Rue Soufflot. PARIS-5e

1912

# PRÉFACE

Mon ami et collègue de la Société d'Économie politique, M. Émile Watelet, s'est livré à une étude très
intéressante sur les récents troubles du Nord de la
France, au point de vue historique et économique.
Il est fâcheux que nous n'ayons pas eu de semblables
études, faites avec cette impartialité, sur les troubles
du Midi et sur ceux provoqués dans la Marne et
dans l'Aube par les délimitations. M. E. Watelet,
avoué à Avesnes, bien placé pour étudier les faits, les
prend à leur début; il les suit date par date; il en
montre l'origine, le caractère, la diffusion. Le 15 août,
quelques ménagères de Ferrière-la-Grande prennent
la résolution d'imposer un tarif : « le beurre à 13 sous
(les 250 grammes), les oeufs à 40 sous le quarteron
(qui égale 26 œufs). La manifestation fut assez tranquille; mais, comme on laissait faire, le 17, elles sabo-
tent les marchandises, se figurant qu'en les détruisant
et en faisant le vide elles pouvaient faire du bon marché.
Le lendemain, 500 femmes d'Haulmont, grosse agglomération métallurgique voisine, viennent se joindre à

elles. Cependant elles élèvent elles-mêmes leur tarif en portant le beurre à 15 sous; mais elles mettent une voiture au pillage. Un comité s'organise le 19; les manifestantes gagnent Maubeuge, se livrent à des violences sur les marchandes, fustigent un marchand de beurre, « sous l'œil paternel des autorités locales ». Les troubles s'étendent de commune en commune et augmentent de violence : pillages, perquisitions dans les magasins et voies de fait contre les marchands et marchandes, sous l'œil bienveillant du commissaire de police, et devant des gendarmes qui ont l'inertie pour consigne.

La Confédération générale du travail trouvait là une trop bonne occasion pour ne pas intervenir. Le bureau syndical des métallurgistes affilié distribue un appel. A Maubeuge, un sieur Blanchard, de la fédération des métaux, délégué de la Confédération générale du travail, déclare qu' « elle a voulu donner plus d'ampleur à cette sublime agitation : C'est au syndicat seul à conduire la campagne ». Yvetot vient prendre la direction du mouvement. Le 1ᵉʳ septembre, quinze usines sont forcées de fermer à Hautmont.

M. Emile Watelet montre, avec précision, l'enchaînement des faits. Quelques mesures de police, quelques poursuites et quelques légères condamnations auraient suffi pour arrêter ces scènes de pillage et de banditisme. Pour se dispenser d'intervenir, le sous-préfet d'Avesnes trouvait plus simple de nier le désordre. On fait enfin venir de la troupe à Maubeuge le 2 septembre; un esca-

dron de chasseurs à cheval n'ose porter secours à une patrouille de gendarmes, dont les hommes et les chevaux sont blessés. Le Gouvernement se décida enfin à intervenir. En vingt-quatre heures tout changea, Yvetot disparut, ainsi que les autres représentants de la Confédération générale du Travail, et la reprise du travail eut lieu immédiatement.

C'est là une nouvelle preuve que les chefs de la Confédération du travail, les meneurs des bourses du travail, les promoteurs de grèves ne sont forts que de la faiblesse des pouvoirs publics. Le jour où ils sauront que le gouvernement est décidé à exiger de tous, quels qu'ils soient, le respect des personnes et des biens, et que, sous prétexte de liberté syndicale, il ne tolérera pas l'existence d'associations de malfaiteurs, leur rôle sera fini.

Dans ces émeutes de marché, le gouvernement resta inerte. A la fin du mois d'août, un compte rendu officiel du Conseil des ministres annonça qu'il allait se livrer à une enquête. Pourquoi? pour savoir si les prairies étaient sèches, si les pommes de terre avaient manqué en 1910, si les cultures maraîchères se trouvaient bien du défaut de pluie. Alors, les ministres étaient en France les seuls à ne pas savoir ce que tout le monde savait; mais par compensation, le ministère donnait aux socialistes une illusion à exploiter : la création de boucheries et de boulangeries municipales. Au moment même M. Selle, maire et député socialiste à Denain, ayant tenté cette expérience, était obligé de

*s'enfuir de sa maison, où ses partisans de la veille
mettaient le feu.*

*Tout gouvernement qui flatte les préjugés anti-écono-
miques assume une lourde responsabilité.*

*Les législateurs de l'Assemblée nationale ont eu le tort
d'introduire dans la loi de 1791 un article autorisant
« provisoirement» les municipalités à taxer le pain et la
viande. Ce provisoire existe toujours. Si les pouvoirs
publics peuvent fixer le prix du pain et de la viande,
pourquoi ne pourraient-ils pas fixer le prix des œufs, du
lait, du beurre, des pommes de terre, des carottes, des choux
et des poireaux? C'était ce que se disaient dans leurs rai-
sonnements simplistes, les femmes qui exigeaient l'extension d'une taxe à tous les produits venant sur le marché.*

*Les protectionnistes font intervenir le gouvernement
dans les prix pour faire de la cherté au profit de certaines
catégories de personnes. Il est logique que d'autres
personnes, qui souffrent de cette cherté, interviennent
pour demander au gouvernement d'y mettre fin. Il est
impossible de répondre à l'argument suivant : « Vous
« empêchez par vos droits de douane l'entrée du bétail
« et de la viande; vous laissez sortir du bétail et des
« moutons; vous faites le vide. Un droit de sortie est la
« conséquence du droit d'entrée».*

*En fait, on a exagéré l'importance des sorties de
bétail et la hausse des prix. M. Watelet a fait une enquête très intéressante sur le mouvement des prix dans
diverses localités de la région du Nord.*

Seulement les facteurs psychologiques jouent un grand rôle dans les questions de prix. Davenant et King avaient signalé le fait dont M. de Molinari a donné la formule suivante : « La hausse des prix s'élève en raison géométrique, quand la diminution de l'offre des produits demandés est en raison arithmétique ». On craint de manquer. Autrefois, ce sentiment se produisait avec d'autant plus d'intensité que les moyens de communication étaient plus difficiles. Aujourd'hui, par les droits protecteurs, on essaye de diminuer l'efficacité du progrès des moyens de transport et, dans ce cas, la loi de Davenant et King joue, comme elle jouait au XVIIe siècle. M. Watelet cite les chiffres du Ministère de l'agriculture et met les prix du blé à Paris en face de ceux de Londres, de Bruxelles et de Rotterdam. Cette comparaison est instructive.

Mais les charges publiques, municipales et départementales pèsent sur le consommateur; les réglementations policières dans l'organisation du travail, les diminutions des heures du travail, les diminutions de rendement par ouvrier, les inquiétudes que provoquent les agitations des meneurs de la Confédération générale du Travail, les faiblesses des ministères successifs, le défaut de sécurité qui en résulte, frappent les ménages ouvriers de deux manières : elles empêchent ou ralentissent les augmentations de salaires, restreignant l'activité économique et elles provoquent de la cherté.

La cherté, par des répercussions plus ou moins com-
plexes, frappe toujours les consommateurs, qui sont
tout le monde.

On voit les sérieux problèmes soulevés par l'étude de
M. Emile Watelet. Elle mérite l'attention de tous ceux
que préoccupent les questions économiques.

YVES GUYOT.

Janvier 1912.

INTRODUCTION

En août 1906, j'arrivais à Pesth. En quittant la gare de l'Ouest, je me heurtai à une manifestation populaire. Des gens du peuple marchaient quatre par quatre, en rangs serrés, soigneusement alignés, formés comme une troupe se rendant au champ de manœuvres. D'après les explications qui me furent données, c'était une démonstration organisée par le parti socialiste de la capitale hongroise. Obéissant à un sentiment naturel de curiosité, et d'ailleurs pour ne pas m'exposer à de désobligeantes observations, je m'abstins de rompre les rangs, et j'attendis. La colonne se perdait dans le fond lointain de Téréz Körút, une des plus grandes artères de la ville, alors que des files passaient toujours; et il en fut ainsi durant vingt minutes et plus sans doute, car je m'excusai finalement de passer outre. Pas un cri n'était parti de ces masses, et d'aucune part ne s'était élevée de protestation; piétons, fiacres, autos, tramways, tout, dans les rues adjacentes, s'amoncelait, lentement et pêle-mêle, pour mieux assurer le calme et l'ordre de la manifestation. Je demeurai songeur, devant cet égal respect de la rue et ce souci profond de la liberté. Les meetings de Hyde Park, dans leur immobilité, ne sont pas plus imposants que n'étaient ces masses cheminant, par les voies et sur les places, dans un silence qu'elles ni personne ne songeaient à troubler. Notre parti socialiste a d'autres mœurs. La rue lui appartient aujourd'hui, par une conquête qu'il a faite sur l'autorité; il n'y a plus d'autres libertés que les siennes. Ailleurs, et sauf d'inévitables exceptions, le socialisme est empreint d'un caractère doctrinaire; en France, il semble qu'il veuille tenir école de désordre. Il n'est guère de jour où la presse n'enregistre à sa charge de malfaisantes agitations. Les grèves étaient locales il y a peu d'années encore; elles se sont perfectionnées; on connaît aujourd'hui des grèves de solidarité (1). Même avec ces perfectionnements, la grève ne suffit plus à l'ambition des grands démagogues; on manifeste par l'émeute, l'émeute communale, cantonale et régionale, en attendant la grève, disons l'émeute générale. Nous avons des gouvernants qui gouvernent surtout dans les ban-

(1) Reconnaissons en toute équité que, sur ce dernier point, le *Trade Unionisme* anglais va bientôt nous surpasser

quets; la protection de l'ordre est une formule oratoire et véhiculaire. Les émeutiers du Midi, ceux de
l'Aube, les incendiaires de la Marne s'en doutaient un
peu. Une répression bénigne aurait suffi pour renvoyer les ménagères de la région maubeugeoise à leurs
occupations domestiques; le gouvernement, pour ne
pas jeter en émoi le parti socialiste, a laissé se déchaîner l'émeute, dans la région du Nord et partout.

Ces ménagères, elles s'étaient faites sympathiques
au consommateur dans leurs premières manifestations. L'opinion publique, toujours crédule, facilement soupçonneuse et se désintéressant, avec sa légèreté coutumière, de la vérité des faits, se demandait si
les justes limites de la hausse n'avaient pas été dépassées. Cependant, pour quiconque prend la peine de
réfléchir, les prix obéissent à des facteurs rationnels;
alors lesquels, et dans quelle mesure agissent-ils?
N'y eût-il qu'un sentiment de curiosité à satisfaire,
l'étude de ces facteurs se trouvait justifiée.

Voilà d'où est venue l'idée de mon travail.

La diversité des appréciations était étrange, une
fois que l'agitation eut pris corps. La « vie chère » exprimait pour le public tout un système; ces mots
étaient devenus magiques. On a pu s'en convaincre, à
l'origine, par les connivences de la police locale avec

les manifestants, et l'effacement de l'autorité supérieure. Il importe de dissiper aujourd'hui ces déprimantes illusions. Cet opuscule arrive tard ; mais, outre que, pour les troubles du Nord, comme d'ailleurs il va de grands événements quelconques, la saine critique veut le rétablissement préliminaire du calme, le lecteur, par les développements de la partie historique, mesurera le temps qu'exigeaient la recherche, le choix et la mise en œuvre des matériaux. Si l'opportunité a été sacrifiée à l'utilité, je m'en consolerai facilement.

La méthode à observer dans le travail n'allait pas sans embarras.

Pour le côté historique, j'ai puisé mes informations partout où j'ai pu. Fallait-il m'engager dans une narration sèche, si fidèle qu'elle dût être ? A entrer dans cette voie, il n'y avait plus qu'une série de faits divers mis bout à bout, une sorte de reportage, un peu naïf dans la forme, bientôt fastidieux par un inévitable retour de scènes de même ordre, et en fin de de compte dénué d'intérêt par la tardivité du récit. J'étais inspiré par une double préoccupation : intéresser le lecteur, puis dégager la psychologie des événements ; mais, si le côté social devait être mis en relief ici, il n'était pas inutile de faire ressortir l'attitude de l'autorité, quelle qu'elle ait été au cours des événements.

Telles sont les inspirations sous lesquelles a été élaborée la première partie.

On a donc beaucoup parlé, et quoique l'agitation ait pris fin, on parlera encore de la hausse du prix des denrées alimentaires, car les fluctuations continueront, et plus ou moins sensibles. Mais hausse sur quoi, dans quelle proportion, et d'abord qu'entend-on par hausse? Il n'y a pas d'étiage de prix; ceux-ci, comme les changes, subissent l'action de nombreux facteurs, invisibles, mobiles, fugaces, sensibles ou mystérieux, ambiants ou lointains. Dans une terminologie précise, mieux vaudrait parler de variations. Quoi qu'il en soit, j'ai cru indispensable d'établir des comparaisons entre les prix spéciaux à la région du Nord et les prix généraux. Pour les premiers, je me suis livré à une enquête auprès des municipalités; je me suis servi, pour les seconds, des statistiques officielles. Une autre comparaison, tout aussi indispensable, consistait à rapprocher les prix à des époques différentes; la marge que j'ai adoptée va de 1872 à 1911. C'est aux mêmes sources, locales et régionales, que j'ai recouru.

Il y a eu variation des prix dans le sens de la hausse
— après les restrictions de langage émises ci-dessus,
disons simplement hausse. — A quelles causes faut-il
l'attribuer? La matière est ample, complexe, et, ceci
soit dit sans vouloir rien diminuer de l'autorité du
lecteur, un peu sombre pour beaucoup; elle rentre
dans l'économie politique générale. Uniquement
préoccupé de mon sujet, je me suis tenu à l'indication
des causes principales et directes, en distinguant, par
un rapide aperçu, les causes temporaires de celles
permanentes.

On parle beaucoup aussi de la protection qu'il faut
accorder aux classes laborieuses; on en parle même trop
volontiers. Sous un régime égalitaire, les hauts prix at-
teignent tout le monde, et il n'y a pas, sous ce rapport, de sophisme plus profond et plus dangereux, au
point de vue social, que de croire les classes aisées
désintéressées des variations de prix. Les phéno-
mènes économiques agissent par une saine justice
distributive; aussi la population toute entière doit-
elle s'associer à l'étude des remèdes contre la hausse.

C'est un nouveau point de vue que je ne pouvais
négliger. La statistique des prix, les causes de la hausse,
ses caractères et les moyens d'y remédier s'enchaînant,
le cadre de la seconde partie était tracé.

Il fallait une conclusion à cette étude.

Le public s'est montré sympathique aux premières manifestations. Ses plaintes constantes, mais isolées, n'étaient pas pour refréner les abus des trop nombreux détaillants : cultivateurs et intermédiaires, durs indifféremment aux petites et aux grosses bourses, et toujours âpres à défendre les hauts prix. L'opinion s'est ressaisie, lorsqu'à des excentricités de ménagères succéda une agitation systématiquement violente, laquelle, en s'étendant, jetait non plus l'émoi dans un canton, mais le trouble dans des régions et même l'inquiétude dans le territoire tout entier. Les contrées atteintes ont été surtout consternées, en voyant le gouvernement passif ou déconcerté, devant des émeutes que de louches organisations, dont il connaissait l'esprit et le tempérament d'action, conspiraient de longue date, et dont, à n'en pas douter, les affiliés seraient empressés à s'assurer la direction, partout et ostensiblement. Le gouvernement a fini par sévir; faut-il l'en louer, quand il s'est montré résolu après que la région du Nord et de nombreux centres ouvriers, sur d'autres points du territoire, étaient en feu? D'ailleurs, à ce moment, il n'était plus maître de l'ordre à aucun point de vue; des complications extérieures redoutables avaient fait passer dans les esprits un frisson patriotique; à toute heure, les troupes engagées dans la sédition pouvaient être mobilisées d'urgence. L'opinion n'a donc plus été dupe des mensongères préoccupations de la vie chère. La vie chère a été le cri initial de ménagères frustes et naïves, parfois sincères, mais plus souvent tapageuses; elles ont été vite éliminées, et les troubles, passant sous l'action des démagogues, ont été poursuivis dans un dessein franchement révolutionnaire. La vie chère n'a pas été le motif, elle a été un prétexte de la campagne, fallacieux, inattendu, opportun, et ce sera la conviction inébranlable et réfléchie de ceux qui auront bien voulu parcourir la première et la dernière partie de ce travail.

PREMIÈRE PARTIE

LA CAMPAGNE POUR LA VIE CHÈRE

LES ÉMEUTES

I

La région de Maubeuge

Économiquement, l'arrondissement d'Avesnes est agricole et industriel. D'importants îlots et une petite fraction à l'ouest sont affectés aux céréales; la presque totalité, comme d'ailleurs les arrondissements contigus à l'est, est en herbage. De ce côté aussi se trouve, avec d'importantes verreries, le plus grand centre de filatures de laines peignées qu'il y ait en France : la région de Fourmies. Le canton de Maubeuge est universellement connu pour son agglomération industrielle : glaceries, marbreries, céramique, poteries, et surtout la métallurgie sous les formes les plus variées. Les établissements y sont distribués sur la périphérie, et dans des localités qui, pour être de simples communes, sont fort peuplées, telles Jeumont, Ferrière-la-Grande, Louvroil, Hautmont et Sous-le-Bois. L'arrondissement compte 220.000 habitants; le canton de Maubeuge en a, à lui seul, 65.000; là, l'élément dominant est ouvrier, et les Belges sont dans une proportion qu'on peut fixer à un tiers. Ceux-ci sont surtout flamands. Le flamand est laborieux, tenace, bon père de famille; il est tranquille à jeun; mais il s'enivre volontiers, et alors il devient violent jusqu'à la démence. Les salaires dans la métallurgie sont élevés; les forgerons gagnent de 5 à 7 francs, les lamineurs de 10 à 15 francs. Les ouvriers les mieux payés sont dépensiers; des oppositions sur leurs salaires sont fréquentes; chez eux, l'intérieur est malpropre, alors qu'il est bien tenu chez les autres. Des familles entières, femmes et enfants, vivent dans des pensions, avec d'autres familles plus ou moins nombreuses; la promiscuité n'y a guère de limite; la maîtresse du logis touche les quinzaines, se paie et verse le reliquat aux chefs de famille. Les ouvriers métallurgistes sont en très grande partie syndiqués; le syndicat exerce une discipline respectée. Un groupe de syndiqués métallurgistes est affilié à la C. G. T.; mais jusqu'à ces derniers temps les tentatives de celle-ci pour généraliser son influence n'avaient eu aucun résultat. Tous ces détails étaient utiles pour saisir l'esprit et la portée des événements que nous allons relater.

Le 15 août dernier, quelques ménagères s'assemblaient à Ferrière-la-Grande. Elles n'avaient ni plus ni moins résolu que d'imposer la baisse dans le prix des denrées alimentaires. Le pain, la viande, les œufs, le beurre, tout cela leur semblait pouvoir être gouverné par un tarif dont, sans aucun souci du vendeur, elles arrêtaient les bases. Confiantes après cela dans l'efficacité de leurs efforts, certaines de ces ménagères, dans la journée suivante, s'en allèrent à l'arrivée du premier train; d'autres se postèrent sur la route, pour arrêter les femmes de la campagne apportant leurs produits dans la commune. C'était une manifestation assez tranquille; mais le 17, à peine le marché de Ferrière était-il ouvert qu'elles firent irruption pour imposer leurs prix, criant à tue-tête : «Le beurre à 13 sous (la demi-livre), et les œufs à 40 sous (le quarteron = 26) ». L'ordre se maintint tant bien que mal; cependant, dans une localité industrielle voisine, Sars-Poteries, des vendeuses ayant résisté, leurs marchandises furent sabotées. Le mouvement se propageait. Aux ménagères de Ferrière viendront se joindre, le lendemain, 500 femmes d'Hautmont, grosse agglomération métallurgique éloignée de 5 kilomètres; la masse se ruera sur le marché en réclamant le beurre à 15 sous, et on verra une voiture de marchand mise au pillage avant l'arrivée de la gendarmerie.

Les ménagères de Ferrière s'étaient organisées en bonne et due forme; un comité devait pourvoir aux détails de la campagne; une certaine femme Lacroix, qu'on retrouvera sans cesse dans le mouvement, s'était attribuée la présidence. Dès le samedi 19, à la première heure, les manifestantes gagnaient Maubeuge ; une femme en tête portait une pancarte sur laquelle on lisait : Œufs, 2 francs, beurre, 0 fr. 75, lait, 0 fr. 20 ; la présidente venait derrière, ceinte d'une écharpe rouge. Alors les vendeuses qui ne veulent pas traiter aux prix fixés doivent s'échapper en hâte ; des produits sont sabotés ; un marchand de beurre est fustigé. Tout cela se passait sous l'œil paternel des autorités locales.

Le lendemain dimanche laissait à la population ouvrière toute sa liberté ; aussi des alentours se montraient des délégations, toujours munies de pancartes indicatives des prix. Une réunion de 1.200 personnes s'ouvrit bientôt, dans laquelle le maire, un conseiller d'arrondissement et des conseillers municipaux intervinrent pour promettre, tout en recommandant le calme, un tarif des denrées et l'interdiction des ventes en dehors du marché.

L'ordre avait été maintenu sans peine jusque-là ; en somme, les diverses manifestations n'avaient pas dépassé la mesure d'un mouvement que ses causes excusaient un peu. Mais il n'était pas douteux qu'un moment dût venir où les passions, surexcitées par le haut prix réel des denrées, qu'on sentait devoir s'accentuer encore à raison de la fièvre aphteuse et de la sécheresse, finiraient par une explosion populaire. Une autorité vigilante y aurait obvié assez facilement. Elle était avertie ; tout le monde, hormis elle peut-être, savait que, depuis longtemps, la C. G. T. faisait de la vie chère un élément de fermentation dans nos masses. Plusieurs mois auparavant, des réunions publiques avaient été tenues, et des délégués étaient venus agiter le pays, en un langage dont la violence constituait des infractions à la loi pénale caractérisées ; au cours de l'une d'elles l'action directe, le sabotage avaient été vantés, avec leurs moyens bien définis. Dans une région couverte d'usines, un tel désintéressement de l'autorité devenait une incurie coupable. Nous allons voir la C. G. T. se montrer moins débonnaire.

Le lundi 21, vers le matin, les femmes de Ferrière, toujours sous la conduite de leur présidente, et leurs pancartes au vent, s'étaient installées sur la place de Sous-le-Bois, un gros faubourg industriel de Maubeuge, pour y faire la police des prix. Elles ne tardèrent pas à entrer en lutte avec les quelques marchands réfractaires à leur tarif. Tout à coup surgirent des ouvriers métallurgistes distribuant l'avis suivant : « C. G. T.,

« Ouvriers, ménagères, jusqu'ici vous êtes restés isolés,
« désunis, à genoux devant les bourgeois, gros et petits.
« Avec de la musique, des illuminations, des dra-
« peaux, des places, des promesses, on prétend faire

« votre bonheur. Qu'est-il arrivé? Beurre, pain, loyer,
« lait ont doublé de prix. Les cultivateurs et les petits
« commerçants, au lieu de s'unir entre eux contre les
« gros exploitants, trouvent plus simple de dévaliser
« les ouvriers et de les gruger chaque jour. Ouvriers,
« ménagères, tous debout; réclamons la justice et le
« bien-être ». Le comité. (Suivaient les signatures du bureau syndical affilié à la C. G. T.).

Le soir, 2.000 personnes se présentaient devant la
salle des fêtes; une réunion, dont la présidence était
donnée à un cabaretier du nom de Renard, — un des
agitateurs principaux qu'on devait retrouver durant
toute la période des troubles, — avec deux manifestantes pour assesseuses, fut sur le champ organisée.
Qu'on veuille bien retenir le discours de Renard. Il y
conseillait l'action directe, le boycottage, le sabotage,
le pillage des commerçants : laitiers, boulangers, bouchers et marchands de légumes, s'ils refusaient l'adoption du tarif; il signalait même des maisons de la localité à saccager de préférence, comme étant de conni-
vence avec les marchands de beurre. A peu de distance
de là habite le député de la deuxième circonscription,
M. Defontaine, appartenant au groupe radical-socia-
liste. Il avait jugé prudent, en l'état des esprits, de
venir conseiller le calme; mal lui en prit : bafoué et
menacé, il dut s'échapper.

On put croire à un calme relatif pour les jours suivants, à part quelques incidents, comme une manifes-

tation de ménagères se rendant dans une commune voisine pour déshabiller le curé, qui avait organisé un syndicat agricole. Mais dès le jeudi 24, une reprise des hostilités s'annonçait. Des ménagères envahirent le marché de Berlaimont, se faisant livrer aux prix de leur tarif du beurre et des œufs. Un marchand, dont on voulait saccager la voiture, dut se défendre à coups de fouet contre les manifestantes; un autre, dont elles voulaient appréhender la marchandise, les frappe à coups de canne; des gendarmes surgissant, le pauvre assailli perd la tête, se trompe et tape sur un gendarme, qui le met en état d'arrestation. Veut-on savoir quelle contenance avait prise la police? Deux commissaires spéciaux se tenaient tranquilles sur le balcon de la mairie. Les manifestantes se crurent, après cela, autorisées à perquisitionner chez plusieurs particuliers. Durant que les unes opéraient à Berlaimont, d'autres, venues toujours de Ferrière, avaient fait 10 kilomètres pour aller bouleverser le marché de Sars-Poteries. Ailleurs les marchés étaient troublés aussi.

Avesnes avait été préservé jusqu'alors du mouvement. L'importance des opérations en beurre devait y attirer nos ménagères. Il s'y traite une moyenne de 8.000 kilos à chaque marché; la gare en expédie 15.000 par semaine. Or, par les trains du matin arrivaient en masse les « Amazones Maubeugeoises ». La colonne fit, encadrée par un détachement de gendarmes, son entrée en ville, cocarde rouge à la poitrine et chantant « l'Internationale du beurre à quinze sous », car il y aura désormais une Internationale concurrente (1). Une fois sur le marché, les manifestantes entourent les vendeuses ; des discussions surgissent ; les détentrices résistent ; des querelles s'engagent ; on s'empare du beurre ; une marchande est battue et dépouillée de ses œufs ; un estaminet est perquisitionné. Mais voilà que des fermiers interviennent pour défendre la liberté de leur marché ; une bataille rangée se livre entre eux et les manifestantes ; on frappe de part et d'autre ; la masse combattante se déplace ; la faïence étalée sur le pavé est mise en pièces ; des baraques s'effondrent. Voulez-vous chercher dans ce désordre l'action de la police ? La police, elle enjoignit aux vendeuses récalcitrantes d'enlever leur marchandise ; quant aux gendarmes, ils n'avaient pas bougé. Aux herbagers qui étaient allés demander aide, le sous-préfet répondit : « Je vous dis qu'il n'y a rien ; n'en croyez pas les journaux ».

« (1) Demain au marché des grandes villes
Toutes, femmes, nous nous réunirons
Pour protester avec furie
Sur le prix du beurre en cette saison,
Nous avons assez de souffrance
Sans augmenter le beurre et le lait
Car demain toutes les femmes de France,
Nous le ferons vendre au rabais.

Refrain.

En avant, camarades
Les amis, tous debout ;
Sans peur, ni tapage
Nous voulons le beurre à 15 sous (*bis*).

Le mouvement allait pourtant s'accentuer.

Le marché de Maubeuge s'était, le samedi 26, ouvert dans le calme; mais si les acheteurs ne manquaient pas, la marchandise était devenue rare, et cette rareté, elle ira désormais se généralisant dans tous les marchés ultérieurs de la région. Il n'en pouvait être autrement, dès que la violence se donnait libre cours. Quoi qu'il en soit, à la première heure, des délégations des environs arrivaient, traversant la ville, toujours avec la cocarde rouge, chantant l'Internationale du beurre — et l'autre; bientôt elles furent rejointes par des bandes compactes. Les manifestantes font aussitôt main basse sur les produits; d'ailleurs elles paient, mais au prix de leur tarif. La tournure des choses finit cependant par être assez menaçante pour que des gendarmes fussent affectés à la garde des magasins d'alimentation. Le maire, sollicité, consentit à recevoir des déléguées. Écoutons leurs exigences : le pain à 0 fr. 20, le beurre à 0 fr. 75, avec augmentation de 0 fr. 05 seulement l'hiver; les œufs à 2 francs l'été, et 2 fr. 75 l'hiver; la viande courante à 1 fr. 10; les biftecks (!) à 1 fr. 20; le pot-au-feu à 0 fr. 60, 0 fr. 70 et 0 fr. 80; le lait à 0 fr. 20 et les pommes de terre à 0 fr. 10 les 2 kilogs, et, ajoutent-elles, tout devra être taxé. Le maire observe avec raison qu'il peut taxer seulement le pain et la viande; mais il veut bien s'entremettre auprès des producteurs. A 3 heures en effet, la société d'agriculture et les cultivateurs des environs adoptaient à la mairie la résolution suivante : « En pré-« sence de la cherté des vivres et par mesure d'apai-« sement, ils décident de fixer actuellement sur tous « les marchés de la région les prix suivants, pour « les denrées de première nécessité : beurre, pre-« mière qualité, 0 fr. 85 la demi-livre ; œufs frais, 2 fr. 25 « le quarteron; lait, 0 fr. 20 le litre ». Une affiche faisait aussitôt connaître la résolution, qui fut acclamée. A Landrecies, une municipalité prudente avait interdit l'accès du marché aux agitatrices; à Fourmies, et pour le même motif, tout s'était réduit à des bousculades de vendeuses.

Les manifestantes de Maubeuge étaient parties enchantées; la campagne engagée contre la vie chère paraissait ainsi terminée.

On a remarqué que jusqu'ici, et à part l'affiche distribuée par le syndicat métallurgiste affilié à la C. G. T., cette campagne, dont l'idée première appartenait aux femmes, n'avait pas cessé un instant de demeurer sous leur action. L'attitude des ménagères n'avait pas été exemplaire; mais leur nervosité instinctive paraissait s'excuser davantage encore par le juste souci des préoccupations domesti-ques. La première partie de ce travail doit, avons-nous dit au début, établir que les émeutes n'ont pas eu pour cause réelle la cherté des subsistances, mais ont été inspirées par l'esprit révolutionnaire. Les événements vont révéler deux influences adversatives fort originales : les femmes entrant en lutte avec les hommes. Celles-ci, comme organisatrices du mouvement, en voulaient conserver la conduite, et avec le souci d'une sagesse relative. Mais à côté et en dehors du parti des hommes, qui gardait une couleur et une certaine indépendance locales, nous allons voir la G. G. T. entrer nettement en scène. La circulaire dont on a plus haut donné le texte n'était qu'un essai timide d'adhérents maladroits et sans notoriété. La confédération venait d'étudier la mesure d'influence que pouvait lui donner une action plus intensive des événements. Elle avait résolu depuis longtemps de soumettre la région; c'est par l'envoi de délégués spéciaux et plus hardis, qu'après l'infiltration syndicaliste, elle va transformer l'agitation en des émeutes bien caractérisées.

Mais transportons-nous au faubourg de Sous-le-Bois-Maubeuge. Un millier de personnes y sont réunies sur la place publique : « Vous avez reçu vos « quinzaines, s'écrie un orateur; je vous engage à ne « plus payer personne, tant que le mouvement n'au- « ra pas pris fin; je vous engage à ne plus manger de « viande; les champignons vont bientôt pousser, « nous les boufferons tout crus s'il le faut »; puis on discourt en phrases ronflantes, et la manifestation se dirige sur Maubeuge, dont elle fait le tour. Tout cela était assez inoffensif ; d'ailleurs les organisatrices, et leurs congénères hommes avaient exhorté la foule à s'abstenir de toute participation à une conférence organisée sous les auspices de la C. G. T. Une affiche venait, en effet, d'annoncer pour le soir une réunion préparée par « *le syndicat des ouvriers métallurgiques du bassin de Maubeuge* » dont, avons-nous dit, une partie est affiliée à la Confédération. La réunion ouverte, un sieur Blanchard, de la fédération des métaux, envoyé par la C. G. T., y annonça « que celle-ci a voulu donner plus d'ampleur « à cette sublime agitation ; *c'est au syndicat seul à* « *conduire la campagne sur la cherté des vivres* » : puis il tonne contre « les brutes policières lâchées « sur la classe ouvrière et qui n'hésitent pas à frap- « per les femmes ».

D'autres marchés avaient été le théâtre de violents désordres. Ainsi à Guise, des mégères avaient fait des œufs exposés une immense omelette, et avaient couvert d'œufs et de beurre les marchandes, qui durent s'enfuir ; d'autres mélangèrent beurre et œufs pour en graisser des pieds à la tête le cheval d'un marchand. L'agitation s'étendait à Hirson, à Charleville, puis au Quesnoy, à Saint-Amand, Denain et Valenciennes, où une pauvre femme avait été gravement blessée par une pierre dans l'œil. Une action énergique de l'autorité pouvait, à ce mo-

ment encore, enrayer les troubles; on l'attendit
vainement.

La journée du 28 devait être plus agitée que la précédente. C'est le moment où la rivalité allait s'ac-
cuser entre les groupes divers. Dès le matin, un lieutenant de gendarmerie avait posté 120 gendarmes
dans les rues de Sous-le-Bois. Aussi le marché du faubourg s'ouvrit-il dans le calme; d'ailleurs, peu ou
point de beurre et œufs. La gendarmerie protégeait
enfin la liberté des opérations. Mais si on veut connaître les inspirations qui agitaient la masse, une
pause est nécessaire. Contre l'important groupe de ménagères occupant déjà la place venait, peu après, se
heurter une colonne de 500 manifestants, beaucoup
armés de gourdins, et que leur esprit perturbateur
mettait sur le champ en lutte avec le groupe des
femmes. Négligeons les invectives réciproques qui
rappelleraient la dispute si fameuse dans *la Fille
de Madame Angol*, pour ne retenir de la polémique
que la déclaration d'une des oratrices principales,
parce qu'elle affirme de plus en plus le dualisme qui
s'engageait entre les clans : « Les hommes n'auront
« plus à se mêler de nos revendications; nous nous ad-
« ministrerons bien à nous toutes seules ». La réunion
s'était installée sur une des places de Sous-le-Bois.
Le groupe des hommes, en vue de garder la conduite
du mouvement, fit avancer à son tour des orateurs.

Cependant les femmes tenaient bon ; leur présidente réapparut : « Que les hommes aillent à l'atelier; « sans cela nous aurons du vilain ». Paroles sensées; mais un des orateurs, paraissant appartenir au parti des jaunes, emmène ses partisans dans une longue procession, et les femmes vont d'un autre côté. Voilà déjà deux groupes adverses. Les syndicalistes révolutionnaires entendaient se distinguer aussi, et surtout faire bande à part; trois groupes allaient donc entrer en mouvement. Avec cette diversité d'éléments, l'agitation va inévitablement s'aggraver. Pour l'instant du moins, les femmes ont adopté une position résolument pacifique; elles ont même obtenu une entrevue avec les cultivateurs pour le 31· L'agitation allait se généralisant, disons-nous. Au marché de Trélon un marchand avait préféré jeter sa cargaison d'œufs sur le carreau plutôt que de subir des vexations; des perquisitions avaient eu lieu chez les particuliers.

Le mouvement ne devait pas rester limité à la région; l'émeute commençait à gronder sur d'autres points, par exemple dans les bassins houillers ; c'est ce que nous exposerons dans la suite.

. La journée du 29 allait marquer la campagne par un événement très vulgaire en soi, mais décisif au point de vue des conséquences. Elle débuta par une affiche à

Ferrière-la-Grande, très suggestive. L'auteur, un propagandiste remuant, y fait observer que les cultivateurs n'avaient pas diminué leurs prix quand la métallurgie subissait une crise intense : « aujourd'hui, « portait l'affiche, c'est l'inverse qui se produit. Ce « sont les cultivateurs qui subissent la crise, et ils « voudraient nous en faire supporter toutes les consé- « quences en augmentant leurs produits. Sur ce point, « nous serons intransigeants; nous n'accepterons « jamais ». Devant les symptômes généraux, la municipalité d'Hautmont, la police locale et surtout 150 gendarmes, s'étaient distribués aux alentours de la ville. De telles précautions pouvaient laisser espérer une certaine tranquillité; mais peu à peu les tramways débarquaient des groupes aux couleurs rouges venus des communes voisines. Tout à coup la femme Lacroix, présidente du groupe de Sous-le-Bois, et que nous connaissons déjà, saisit dans le panier d'une marchande deux morceaux de beurre, qu'elle jeta à la face d'une autre marchande voisine. Des gendarmes lui mettent la main au collet et l'emmènent; une camarade, qui s'était trop violemment interposée, est arrêtée aussi; peu de temps après, une troisième manifestante, pour s'être emparée d'un panier qu'elle va jeter à terre, est arrêtée à son tour. Notons bien ces faits; c'est d'eux que la foule va s'inspirer pour grossir l'agitation, et dont la C. G. T. se servira comme d'un aliment aussi précieux qu'inattendu pour conduire l'émeute et la dominer. Dès l'arrestation des trois femmes, une délégation s'était aussitôt rendue auprès du sous-préfet, qui venait d'arriver, pour obtenir la mise en liberté des prisonnières; comme elle leur fut refusée, une réunion s'organisa aussitôt pour la tenter auprès du Procureur de la République. Tous ces détails étaient indispensables pour bien saisir l'évolution du mouvement. Dans la soirée, une autre réunion avait lieu à Sous-le-Bois, dans laquelle un conducteur de l'agitation « déclarait indigne l'attitude de la police et de la gendarmerie »; il n'hésitait pas à traiter les agents de l'autorité « d'abrutis et de canailles »; « qu'ils retirent leur tunique, et s'ils ont du courage, « qu'ils viennent se mesurer avec moi ». Si l'on avait envoyé cet énergumène rejoindre les trois femmes, peut-être aurait-on par là réfréné l'action des excitateurs.

Pendant ces événements, 1.200 manifestants provoquaient à Avesnes l'intervention de la municipa-. lité. A Wignehies, la foule se livrait à des perquisitions. Les maires crurent trouver un palliatif en prenant des arrêtés pour réglementer leurs marchés. C'était une précaution bien superflue en l'état des esprits.

« Ouvriers, jusqu'ici, quand vos maîtres, parlemen-
« taires, négociants et patrons, avaient parlé, vous
« vous inclimez comme des esclaves et des chiens.

« Par votre lâcheté, la misère s'est assise à vos foyers.
« Lasses de souffrir, honteuses de leur misère, vos
« femmes et vos filles se sont révoltées et dressées
« devant une bourgeoisie égoïste, peureuse, mais in-
« solente encore derrière son rempart de gendarmes,
« de policiers et de mouchards ; la vue de votre détresse
« empêche la digestion des bourgeois. C'est pourquoi
« brutalement ils ont emprisonné trois de vos com-
« pagnes. Le mari qui voulait défendre sa femme a été
« roué de coups devant ses trois enfants. Camarades,
« trois femmes sont en prison pour vous : serez-vous
« assez lâches pour les abandonner ? Vos grands an-
« cêtres de 1793 ont jeté bas les rois, moines et sei-
« gneurs ; vous, ouvriers, allez-vous laisser des par-
« venus toujours vivre de vos sueurs ? Non, n'est-ce
« pas ! Pour protester, arrêtez le travail jeudi et
« vendredi. Le camarade G. Yvetot, secrétaire de
« la C. G. T., protestera en votre nom. » Ainsi s'ex-
primaient les grandiloquents littérateurs de la
C. G. T. Dans le moment où leur affiche paraissait, les trois femmes arrêtées la veille étaient condamnées, la femme Lacroix, principale inculpée, à 4
mois de prison, les deux autres à chacune deux mois,
le tout sans sursis. C'était une solution imprévue
pour les manifestantes déléguées au chef-lieu afin
d'obtenir la liberté de leurs camarades. Il était à prévoir que le retour des solliciteuses à Hautmont, surtout après la narration romanisée qu'elles firent de

leur voyage, déchaînerait l'imagination populaire. Le
soir, en effet, une réunion, succédant à une autre tenue
dans la journée, groupait une foule considérable. Elle
choisit les femmes les plus ardentes parmi les manifestantes pour composer le bureau. Les orateurs allaient
de la sorte avoir toute liberté; ils ne s'en privèrent
pas. Après qu'un syndicaliste eut prêché la grève générale, Renard, le président que nous retrouvons toujours au fort de l'agitation, « em... les agents »; il con-
seille hardiment « l'action directe et le sabotage. On
« arrachera les femmes des bourgeois de chez elles
« et on les f... en prison à la place des trois condam-
« nées. Venez demain à Avesnes; nous irons délivrer
« les prisonnières ». Écoutons un autre syndicaliste,
acolyte habituel du précédent : « Prenons de bons
« gourdins et tapons sur les gendarmes; cognez fort et
« hardiment ». Ce bilan des faits suffisant pour la
journée, les révolutionnaires purent renvoyer au lendemain la suite de leurs opérations.

Cette journée, qui allait laisser une si déplorable
agitation dans l'esprit des masses laborieuses, s'ouvrit
sous un calme apparent, grâce à la vigilance du lieutenant de gendarmerie en résidence à Maubeuge.
Puisque la grève générale avait été décrétée par le
syndicat métallurgiste, dont, avons-nous vu, l'action
venait d'être appuyée par un délégué de la C. G. T., ce
sont les usines qu'il va falloir protéger contre le débauchage des perturbateurs. Dans certaines, des défec-

tions s'étaient déjà produites à l'ouverture du travail. Les manifestations débutèrent par une procession nombreuse, qui parcourut durant toute la matinée les rues de Sous-le-Bois, Louvroil et celle de Maubeuge. Là, les délégués se firent introduire auprès du
maire pour réclamer de rechef la mise en liberté des
trois prisonnières. La réponse que leur fit le maire,
facile à deviner, conduisit les délégués à renouveler
leurs exigences auprès du maire d'Hautmont. Ces
efforts dégagent nettement le caractère de l'agitation :
les syndicalistes étaient loin maintenant de la campagne
pour la vie chère. Différent était l'état d'esprit dans le
groupe dont nous avons signalé la scission dans la
journée du 28, et qui avait, dans l'entre-temps, formé
un « comité de défense ». Ce comité se présentait dans
l'après-midi à la mairie de Maubeuge, pour participer
à la conférence que nous nous rappelons avoir été
ménagée par le maire pour le 31. Les cultivateurs
s'étaient fait représenter par des délégués aussi. Après
une laborieuse discussion fut rédigé un procès-verbal
fixant pour le beurre un prix uniforme de 0 fr. 75 la
demi-livre, et à 0 fr. 10 la pièce celui des œufs pendant toute l'année. La masse, qui attendait au dehors,
accueillit ce résultat par des acclamations, et le soir,
des réunions publiques à Sous-le-Bois et à Ferrière-la-
Grande le ratifiaient encore par des applaudissements
unanimes, dont la note antirévolutionnaire se dégageait par l'exhibition du drapeau tricolore. L'agita-

tion n'avait donc plus de raison d'être. Tant qu'elle
était demeurée livrée à elle-même, la généralité de la
population avait gardé une sagesse relative; malheureusement les choses allaient prendre une toute autre
allure. Le sieur Yvetot était débarqué à 3 heures; sur
le champ, ses amis les syndiqués lui avaient ménagé
une réunion, de laquelle allaient sortir des ferments
nouveaux, et malfaisants, il va sans dire.

A 7 heures, une foule immense, que grossissait un
élément bourgeois aussi sot que curieux, s'assemblait
sur la place publique pour y entendre la bonne parole.
D'abord le sieur Yvetot envoie un salut fraternel aux
condamnées, dont il faut, par une agitation soutenue,
imposer la liberté. Des généralités sur l'infâme capital,
de vives exhortations aux ouvriers pour s'affilier à la
C. G. T., tout cela était dans la note usuelle de l'orateur. Il avait pris contact; cela suffisait pour l'instant.

En édictant la loi de 1864, ses auteurs avaient
voulu faire une œuvre de liberté; cette loi émancipait
en effet les ouvriers et les patrons des entraves que
l'autoritarisme du Premier Empire avait mises à
leur organisation corporative. Combien ont changé
les choses dans ces derniers temps! La grève n'est
plus l'instrument défensif qu'avait médité le légis-
lateur moderne. Une de ses déformations les plus originales et peut-être des plus imprévues, c'est, pour
employer une expression devenue courante : la grè-

ve de solidarité. Elle n'agit plus sur les groupes de professions similaires; elle se généralise par une action concertée et simultanée des professions les plus hétérogènes. Un grief affectant l'une d'elles déchaîne la grève dans tous les corps de métier. De l'arsenal de Brest, la grève passe à Toulon; les ouvriers du port de Marseille entraînent avec eux les ouvriers de tous les ports; mais les esprits raisonnables ont le droit surtout d'être déconcertés, quand on voit les *workers* de l'Angleterre décréter brutalement la grève générale, parce qu'un groupe local a résolu la cessation du travail. Trois femmes avaient été arrêtées à Hautmont pendant une agitation naissante, 15.000 ouvriers allaient entrer en chômage. En effet, et le premier septembre, à l'aube, des délégués syndicalistes se rendaient dans les usines et sommaient les exploitants d'arrêter le travail, parfois sur un ton qui laissait entrevoir d'inquiétantes incursions, car ils avaient derrière eux des bandes irritées. Vainement les industriels font-ils observer que leur personnel est résolu à continuer le travail; force leur est de céder. Ici c'est la coulée du métal en fusion qu'on arrête; ailleurs c'est la paie ! Il était bien question maintenant de la vie chère ! Une quinzaine d'usines avaient dû fermer. Bientôt 3 à 4.000 manifestants, hommes, femmes, enfants, parcourent Maubeuge et les faubourgs, portant le drapeau rouge du syndicat, chantant l'Internationale et la Carmagnole. C'est dans l'après-midi que le sieur Yvetot allait reprendre le contact de ses auditeurs, par une conférence sur la place publique de Louvroil. « Tout « ce que les ouvriers veulent, ils le peuvent ; ils ont fait « de la véritable action directe » ! Quelques instants après, nouvelle réunion du même Yvetot : « A Henne- « bont, les gueules noires n'ont pas craint d'élever « des barricades ; rappelez-vous Draveil ; à Lorient « les camarades ont arraché les poteaux télégraphi- « ques, avec lesquels ils ont défoncé les portes de la « prison pour délivrer les prisonniers. Je ne vous dis « pas d'en faire autant, mais çà peut arriver ; *par* « *exemple, je n'en serai pas.* » A propos du Maroc : « Les bandits ont mis la main sur cette région ; si la « guerre venait à être déclarée, le *devoir serait pour* « *les ouvriers de refuser les cartouches qu'on leur dis-* « *tribuerait à la caserne.* »

Quiconque a suivi le récit des événements qui se sont déroulés jusqu'ici, se sera demandé bien souvent ce que devenait l'autorité dans un désordre si manifeste et si persistant. Quelques pelotons de gendarmes circulaient : une sorte de parade. L'incu- rie, qu'elle vînt d'en bas ou d'en haut, n'en devenait pas moins un scandale pour la population tranquille, et aussi pour les intérêts matériels, désormais en souffrance et justement inquiets. Le soir du premier septembre arrivaient de Lille, il est vrai, un escadron du 6e chasseurs, puis de Douai un escadron du 27e d'artillerie. On verra par la journée du lendemain le cas que les émeutiers allaient faire de cet appoint.

Dans la matinée du 2 septembre, 4.000 manifestants étaient réunis à Sous-le-Bois ; une immense procession comme on le voit, qui, des faubourgs, gagna Maubeuge, dont elle sillonna les rues au chant de l'Internationale et de la Carmagnole. La foule avait applaudi l'avant-veille à l'arrangement passé entre les délégués et les cultivateurs ; elle se répandait maintenant en vociférations contre la municipalité. Elle se fractionna bientôt en groupes, dont chacun se dirigea vers les usines pour mieux assurer la cessation du travail, à laquelle de nombreux ouvriers continuaient à se montrer rebelles. L'esprit maintenant révolutionnaire des manifestants devait instinctivement les ramener à leur formation première. Vers 5 heures, les gendarmes en patrouille étaient accueillis aux cris de « buveurs de sang, criminels, « assassins ». Sur ces entrefaites, un homme du peuple s'étant, de propos délibéré, laissé tomber sous un cheval, des énergumènes se précipitèrent sur les cavaliers. Les manifestants, d'ensemble, saisissent aussitôt tout ce qu'ils ont à leur portée : briques, pierres, cailloux tombent drus sur la troupe ; on démolit maintenant des murs pour en faire des projectiles.

Le lieutenant de gendarmerie, gravement atteint par une brique à la tête, ruisselle de sang; un brigadier est de même fortement blessé; le lieutenant, demeuré néanmoins à son poste, n'hésita plus à commander sabre au clair. Les hommes chargent. C'est alors un affolement chez les émeutiers; les uns escaladent des murailles; d'autres se réfugient dans les caves, sur les toits, sur les arbres, certains dans des cours privées; quelques-uns ont gagné un grenier d'où ils lancent à leur aise des projectiles sur les cavaliers. Mais quand on croyait les émeutiers dispersés, voilà qu'il en surgit de nouveaux, et la grêle reprend. A ce moment, le danger de leur situation n'échappe plus aux gendarmes; une quinzaine de chevaux sont blessés; les braves gens vont être submergés, et dans le délire où elle est, cette meute peut aller aux pires extrémités. Le lieutenant a derrière lui un détachement de chasseurs à cheval : « Mon capitaine, voyez comme on nous attaque ». « Je ne puis rien faire », répond celui-ci. Des soldats ont les larmes aux yeux, au désespoir de cette intolérable immobilité : « Mon capitaine, je vous requiers de me prêter main-forte », lui crie l'officier; le capitaine ne bouge pas. Une observation plus attentive de cet énigmatique officier, aurait pourtant trahi le drame qui agitait son âme de soldat. Hélas! en effet, il fut acquis, des explications ultérieures, qu'il n'avait pas d'ordre pour agir

Le maire d'une commune négocia le retrait des gendarmes; ceux-ci se trouvaient mal en point; ils rentrèrent en ville, mais sous les pierres que la foule hurlante continuait à leur jeter, et qu'ils n'évitaient qu'en se couchant sur leur monture.

Ces scènes lamentables devaient pourtant s'aviver davantage dans la soirée. A 8 heures, une multitude se réunissait à Sous-le-Bois, dont les orateurs habituels s'attachaient à entretenir la fiévreuse agitation et surtout l'idée de désertion du travail. Le sieur Renard, président du syndicat révolutionnaire, eut une pensée, c'était qu'on se rendît de nouveau à Maubeuge. Aussitôt la foule s'ébranla au chant de l'Internationale. Les esprits avaient été surchauffés dans le trajet, et les émeutiers annonçaient le dessein d'assiéger la place, ni plus ni moins. Le maire, conscient par la journée précédente et les incidents de l'après-midi, du danger qui menaçait sa ville, avait pris une résolution aussi originale qu'inattendue : de concert avec le service du génie, les ponts-levis furent amenés comme en temps de siège. Ils n'avaient pas bougé depuis 1815. Les émeutiers, dépités, en conçurent une irritation plus violente encore et se répandirent dans les faubourgs contigus. Ce n'était plus du désordre, mais de la démence. Les réverbères sont brisés, arrachés sur une étendue de deux kilomètres; une barricade s'élève; des coups de revolver partent, les croisées des usines sautent, les carreaux des maisons particulières sont criblés; des glaces à l'intérieur des magasins sont arrachées; des vitrines brisées. Çà et là de petits paquets d'infanterie se montraient, mais vite étaient débordés.

Le lecteur est ramené, par le récit de ces faits, au sentiment de curiosité qui l'obsède sans cesse au cours des événements : que devenait l'autorité? Pour conjurer l'émeute, 5 compagnies étaient arrivées dans la journée; mais que pouvait faire l'infanterie contre des masses cohérentes et furieuses? Maubeuge avait l'aspect d'une ville en état de siège : établissements publics gardés, magasins fermés, autorité locale en permanence, et la population circulant dans les rues, frémissante d'inquiétude.

La journée de dimanche ramènerait-elle un peu de calme? Ce n'est pas des adeptes de la C. G. T. qu'il fallait l'espérer. Dès le matin, ils avaient organisé une réunion à Sous-le-Bois, quartier général de l'agitation et centre des désordres de la veille. Écoutons Renard, le président du syndicat métallurgiste affilié : « *On a bien travaillé la nuit précédente, il faudra* « *travailler encore mieux la nuit prochaine*». Renard ne veut pas que le peuple meure de faim : « Des vivres? Quand il n'y en aura plus, nous irons les pren- « dre où il y en a ». A Hautmont, des tentatives de manifestation avaient été déjouées par l'énergie du lieutenant de gendarmerie Lamarre, et tout se bornait à l'arrestation de quelques énergumènes. En dépit de ces excitations, le calme paraissait renaître de tous côtés; toutefois, à Maubeuge, les ponts-levis demeuraient levés, et l'entrée de l'enceinte était refusée à quiconque ne justifiait pas d'un motif plausible pour y pénétrer. Ce calme, disons-le vite, avait une raison majeure; le gouvernement avait enfin compris la gravité de la situation. La tension diplomatique inspirait de justes inquiétudes sur le maintien de la paix; d'autre part, les émeutes n'étaient plus circonscrites à la région de Maubeuge. On s'explique que des instructions fussent enfin survenues pour en finir, coûte que coûte. Au surplus, et durant la nuit, puis dans la matinée, il était arrivé de la cavalerie. Vers midi, il y avait dans Maubeuge et les localités environnantes : 2 bataillons du 145e; 3 compagnies du 84e, 2 escadrons de hussards d'Alençon, 2 escadrons d'artillerie de Douai, un escadron de cuirassiers de Cambrai et de nombreux gendarmes. Des arrêtés avaient été pris contre les attroupements; un meeting, dans lequel figuraient trois députés dont M. Lagrosillère, représentant nègre de la Martinique, avait été dispersé. Toutes les usines avaient été occupées par la troupe. M. Hennion, le directeur de la Sûreté générale, était arrivé de Lille la veille; un conseil avait été tenu entre lui, le procureur général et les chefs de service, dans lequel furent résolues, outre des mesures énergiques, l'arrestation des promoteurs de l'émeute : Yvetot, Renard et Draguet. Mais le premier avait disparu; le second avait passé la frontière et le troisième demeura introuvable (1).

Le calme de la veille allait définitivement s'accentuer. D'ailleurs, les perturbateurs les plus bouillants auraient été mal venus à tenter un coup de main. Les trains débarquaient toujours des troupes nouvelles. Voici deux escadrons du 7e chasseurs à cheval de Rouen, un escadron du 7e hussards de Niort, 800 hommes du 39e de Rouen, 920 du 36e de Caen, un bataillon du 115e de Mamers. Il y a dès lors 9.000 hommes autour de Maubeuge. Toutes les voies de communication sont gardées; les patrouilles circulent partout et sans cesse; des détachements sont en réserve dans les usines; en réserve aussi se tiennent des masses de cavalerie et d'infanterie. A la mairie de Maubeuge, des autorités de tout ordre sont en permanence, que M. Hennion vient diriger, en amenant avec lui des brigades de police mobile. Aussi la C. G. T. n'avait-elle plus qu'à organiser la retraite; elle le fit, selon sa méthode habituelle, en s'adjugeant le profit de la campagne pour la vie chère, et en conseillant la reprise du travail, comme si la fin du désordre avait été son œuvre. Cette repri-

(1) Peu de temps après, Yvetot faisait une conférence à Nantes.

se, avec la tranquillité qui devait en résulter, tout le monde voulait en avoir maintenant le mérite; les mégères, d'épileptiques qu'elles s'étaient montrées la veille, renaissaient à la sagesse. Le « comité de défense » ne pouvait demeurer en reste; 2.000 auditeurs étaient accourus pour entendre ses malédictions contre les révolutionnaires; lui aussi propose la reprise du travail pour le lendemain; et tous ces gens, enrégimentés la veille dans la sédition, applaudissent à tue-tête maintenant et arborent des drapeaux tricolores.

Quelle preuve plus démonstrative, lorsqu'on étudie la psychologie des masses populaires, de la mobilité de leurs dispositions; mais aussi quelle censure plus accablante pour la politique ondoyante de nos derniers gouvernants, et leurs incurables complaisances aux partis extrêmes ! Dès que la vigueur se manifeste pour le raffermissement de l'ordre ; dès qu'on a surtout purgé la foule des éléments nocifs dont des agitateurs misérables font leur plate-forme constante et systématique, cette foule, docile aux saines influences comme aux malfaisantes, reprend son équilibre et se soumet vite à la raison. La presse, même la plus avancée, était unanime pour affirmer le danger des agitations, qui s'étaient généralisées dans la région du Nord, et devenaient non moins inquiétantes sur d'autres et nombreux points du pays tout entier ; les troubles gagnèrent même la Belgique, l'Italie et l'Autriche. Les déclarations de M. Malvy, justifiées par celles du Président du Conseil, furent suivies de sévères instructions aux Préfets. Mais ces dispositions arrivaient trop tard pour refréner l'esprit syndicaliste déchaîné. En attendant, et le 5 septembre, le travail était repris dans toute la région de Maubeuge. Il ne restait plus que la liquidation. Le Parquet, dont le Procureur général était venu fortifier l'initiative, entrait résolument en action : perquisitions, arrestations, poursuites vont se succéder, en attendant les nombreuses expulsions d'étrangers compromis. Si l'autorité avait été jusque là d'une mollesse qu'on ne saurait trop blâmer, il est juste de reconnaître que la justice n'a pas faibli dans son œuvre répressive.

II

La région de Saint-Quentin

Triste privilège pour la ville de Saint-Quentin, que de mériter une place spéciale dans les troubles du Nord de la France !

Saint-Quentin est une très importante place industrielle. Dans les tissus, on y travaille les batistes, jaconas, mousselines, gazes et percales; les étoffes de laine, les broderies mécaniques y comptent aussi de nombreuses et importantes fabriques; la métallurgie y est représentée par la chaudronnerie, les constructions mécaniques et des fonderies. La population dépasse 50.000 habitants. La partie centrale de la ville est dense, et peuplée à peu près exclusivement par le commerce et la bourgeoisie. De longue date, l'élément ouvrier des faubourgs accuse des tendances avancées. Aussi, peu de mouvements dans les effervescences populaires révèlent-ils, avec autant de netteté que celui dont nous allons nous occuper, l'action du syndicalisme révolutionnaire. La C. G. T. exerce sur la classe ouvrière un rayonnement continu et une impulsion vigoureuse par la Bourse du Travail, qui y est fortement organisée. La municipalité est franchement socialiste. Ces influences combinées ont créé dans la masse une discipline en quelque sorte régimentaire qui, par sa pénétration et même ses rigueurs, la soumet aux obscures volontés des dirigeants et l'assouplit aveuglément à leurs ordres quelconques. Banditisme et terreur vont, pendant deux jours, murer chez elle la population tranquille; qui le croirait cependant? à la lueur des incendies qui s'allumeront, sous les hurlements d'une foule stupide et farouche, en fièvre de destruction, ces désordres n'étaient qu'un accident, une sorte d'épisode secondaire. Ce qu'il y avait de redoutable à constater, c'est que, sur une résolution mystérieuse, et une simple convocation, des groupes s'étaient réunis, concertés et disloqués, puis répandus dans les usines, et qu'en peu d'instants, mobilisée, concentrée et fondue, toute une masse allait servilement obéir à l'état-major du syndicalisme pour imposer l'arrêt du travail. Au moins des mesures préventives allaient-elles être prises contre ces criminelles entreprises? Lorsque, sur de si inquiétantes conjonctures, aggravées par l'émeute toujours plus envahissante dans les régions voisines, on voit l'autorité supérieure demeurer inerte, ici et ailleurs, se tenant expectante pour faire naïvement confiance aux multitudes en délire, le respect de l'autorité n'est plus qu'un symbole hypocrite, et il n'y a plus à le nier, la hiérarchie bourgeoise, sur quoi elle repose, est socialement bien près de sa déchéance.

C'est le 30 août que commencèrent les désordres à Saint-Quentin. On a vu plus haut que, le même jour, paraissait à Maubeuge une affiche séditieuse de la C. G. T., et qu'en vue d'obtenir la mise en liberté des trois femmes condamnées, l'agitation y devenait plus intense. Le rapprochement était trop instructif pour être négligé. Or, dès le matin, des cyclistes parcouraient la ville et, à la pause, exhortaient les ouvriers à se rendre aux Halles pour protester contre la vie chère. A ceux de ces derniers qui avaient accepté la suspension du travail se joignaient bientôt d'autres camarades, qui débauchaient à leur tour les travailleurs d'usines voisines. Des organisations occultes paraissent d'ailleurs avoir, dans chacune d'elles, la haute main sur le personnel. La cessation générale était par là facilitée. A Saint-Quentin, comme à Maubeuge, ce furent les femmes qui prirent contact avec les marchandes. Mais à peine avaient-elles engagé la discussion, qu'un millier d'individus fit irruption dans les Halles au chant de l'Internationale. En quelques minutes et sans plus, œufs, beurre, crème, fromages gisaient en un vaste cloaque, que piétinaient avec rage les envahisseurs. Le matériel fut dévasté: par exemple : volailles, lapins, gibier, eurent vite disparus ; les légumes, les fruits avaient été saccagés aussi. Des Halles, la meute se transportait au marché couvert, où se tiennent les bouchers et les charcutiers. En un clin d'œil les marchandises furent dispersées. Puis, détail invraisemblable, et bien justificatif de ce qui a été dit plus haut, un coup de sonnette se fit entendre, après lequel tous les manifestants se rendirent docilement à la Bourse du Travail, où les énergumènes les plus en vue se firent entendre. Écoutons l'un d'eux : « Nous avons « fait nos affaires nous-mêmes, et vous voyez la « puissance révolutionnaire que le peuple de Saint-« Quentin a acquise depuis un an. »

Tout cela n'était qu'une entrée de jeu.

Des agitateurs assuraient avoir entendu un épicier dire : « Voilà des fainéants qui passent ». A six heures, un groupe de chômeurs, que grossissent peu à peu des femmes, des jeunes gens, puis des éléments nouveaux arrivant des faubourgs voisins, vont s'établir face au magasin de cet épicier, et la foule se hâte d'entonner l'Internationale et la Carmagnole. Des pierres font aussitôt sauter les vitres ; puis les émeutiers se répandent dans le voisinage et en rapportent des munitions ; des briques, même des pavés, tombent à l'intérieur et pulvérisent marchandises et matériel. Le sous-préfet, qui était intervenu, est blessé.

La gendarmerie et deux compagnies d'infanterie accoururent enfin, mais pour avoir malaisément raison des émeutiers.

Ce n'était donc plus une effervescence ; l'esprit des agitateurs était maintenant connu ; les désordres de la veille avaient été significatifs, et la neutralité municipale ne faisait doute pour personne, quoiqu'il pût advenir. En un tel état, pour tenir en observation une population ouvrière aussi nombreuse qu'à Saint-Quentin, des cavaliers étaient indispensables ; eux seuls peuvent garder la rue ou la balayer ; et les émeutes sont de nos jours, malheureusement, assez fréquentes pour qu'il soit superflu de rappeler cette vérité ; elle est devenue traditionnelle. Noyon, Compiègne, Cambrai sont à quelques dizaines de kilomètres, et ces places jouissaient d'un calme absolu ; leur cavalerie se trouvait donc disponible. Un pauvre escadron seulement du 9e cuirassiers venait d'arriver ; la ville, il est vrai, a un régiment d'infanterie pour garnison ; on avait oublié de le consigner ! Mais le sous-préfet de Saint-Quentin avait la confiance aussi robuste que son collègue d'Avesnes ; dans l'après-midi, une délégation des épiciers avait reçu de lui l'assurance que des forces suffisantes étaient là pour protéger leurs établissements, surtout ceux que des rapports de police avaient, dans la journée, signalés devoir être attaqués.

Voyons comment ils l'allaient être.

A la sortie des usines, une bande de jeunes gens entreprit la destruction systématique des magasins de la rue Saint-Martin. Qu'on juge des résultats. Dans un premier établissement, il fut retiré d'une chambre trois brouettées de pierres; un peu plus loin, les devantures d'autres boutiques n'avaient plus de vitres; ailleurs des portes, des clôtures étaient brisées, une marquise effondrée, des volets arrachés. Rue d'Isle, la devanture d'une épicerie fut défoncée. Voilà maintenant que, de toutes parts, les émeutiers envahissent les boutiques, pillent et enlèvent les marchandises; le matériel, les glaces sont détruits. Dans la même rue encore, une autre épicerie est saccagée; la propriétaire, atteinte d'une phlébite, passant la tête au dehors, reçoit dans l'œil le tesson d'une bouteille de curaçao; de nombreuses boutiques sont vidées; dans d'autres les marchandises sont souillées. Neuf boucheries, onze charcuteries, quatre magasins divers avaient été dévastés ou pillés.

Tout cela allait être surpassé encore en gravité. Dans l'épicerie Pluche, les énergumènes, que ne peuvent contenir quelques cuirassiers postés là en observation, brisent les devantures, pénètrent dans l'intérieur et déménagent les marchandises, en particulier 600 bouteilles de vin; puis, comme ils supposent, à tort heureusement, un dépôt de pétrole être dans un hangar, ils répandent de la paille sur un fût d'eau-devie, y mettent le feu, et l'incendie, gagnant le hangar, va s'étendre au voisinage quand arrivent les pompiers. Les cavaliers tentent un effort; quelques-uns sont désarçonnés et blessés, de même un agent de police; un cheval est frappé d'un coup de couteau dans le ventre; le commissaire de police reçoit plusieurs blessures. Tout cela est accompli surtout par des gamins, et il n'y a pas de troupes suffisantes pour en avoir raison! Les assaillants démolissaient un mur pour se réapprovisionner, quand des gendarmes arrivèrent enfin et purent nettoyer la place. Mais dans le même temps une importante maison de commerce, l'épicerie Viéville, était attaquée. Sa destruction avait été résolue dans la journée, et pourtant d'importantes forces la protégeaient. Quand on eut annoncé le magasin Pluche en feu, elles y coururent; aussitôt commença le sac du magasin Viéville : 200 individus s'y étaient précipités; il était vidé au retour de la troupe.

On avait appelé des renforts. Le 9e cuirassiers, le 54e de Compiègne et le 45e de Laon allaient arriver. Tout n'était pas, à beaucoup près, terminé. Dans l'après-midi du lendemain, des émeutiers qui s'étaient cantonnés dans un estaminet criblèrent des cuirassiers au passage, lesquels durent faire le siège de la maison pour en déloger les malandrins. Dans l'entre-temps, nombre d'usines, celles surtout dans lesquelles les ouvriers étaient demeurés réfractaires au chômage, avaient été les unes envahies, les autres menacées; il y en eut même où les portes furent enfoncées. Dans ces groupes tantôt compacts, tantôt fractionnés suivant le besoin des incursions, on voyait des gamins portant des pierres dans un sac, et des adultes munis d'outils pour exercer une pesée sur les fermetures; d'autres bandes plus ou moins importantes suivaient. Nulle part la résistance aux injonctions n'était donc possible; les perturbateurs opéraient tranquilles et sûrs d'eux-mêmes. Mais tout à coup ils aperçurent des détachements de cuirassiers manœuvrant dans le voisinage pour la protection de quelques usines. Des voitures circulaient, l'une chargée de bois, une autre chargée de briques; un pavage en réparation mettait à leur portée des matériaux fort imprévus. Nos insurgés utilisent le tout pour élever une barricade, derrière laquelle ils vont accueillir la cavalerie par des bordées d'invectives et surtout de projectiles. Un léger effort fit vite céder la barricade, et l'escadron chargea sabre au clair. Les émeutiers n'avaient pas attendu pour décamper ; mais ils se réfugièrent dans les promenades publiques, et la grêle continua. Il fallut une compagnie du 87e pour achever la déroute. Sur d'autres points pourtant, la résistance continuait, et partout les soldats entendaient retentir les mêmes cris de haine. Les patrouilles de la soirée, si nombreuses que le permîssent les troupes sans cesse grossissantes, ne purent cependant éviter un sac nouveau, dont eurent à souffrir cinq ou six maisons de commerce.

Ces événements avaient donné à la ville le sinistre aspect d'une place qui aurait subi un assaut. Les persiennes étaient fermées dans les artères principales; des rues étaient barrées; des pelotons de cavalerie et d'infanterie se voyaient partout; la population paisible n'osait plus sortir; les établissements publics, les cafés et de nombreuses maisons de commerce étaient fermés; les tramways étaient arrêtés; enfin un silence lugubre régnait sur la ville, que, sous une lumière blafarde, troublaient seulement le bruit confus des patrouilles et la cadence des fantassins en marche.

Le samedi 2 septembre, les états-majors militaires, administratifs et judiciaires tenaient grand conseil à la sous-préfecture. Il n'y manqua sans doute pas de gens d'esprit pour se souvenir des carabiniers d'Offenbach. Les tentatives de débauchage continuèrent néanmoins toute la journée, malgré la garde des usines, que leur assuraient de nombreux détachements; une charge de cavalerie fut même nécessaire; mais la horde des perturbateurs était si grosse que la plupart des établissements durent fermer. A ce moment, il y avait à Saint-Quentin : la garnison de la ville, comprenant le 87e, 2 bataillons du 54e de Compiègne, le 45e de Laon, le 9e cuirassiers de Noyon et de nombreux gendarmes ; étaient en route : une portion du 7e chasseurs à cheval de Rouen, un régiment de cuirassiers de Tours et une portion du 11e hussards d'Alençon.

III

Généralités sur le Nord et le Pas-de-Calais

Quittons Saint-Quentin et engageons-nous dans cette vaste région du Nord, où l'élément ouvrier est si accessible aux influences syndicalistes. Est-ce le seul souci de la vie chère qui inspirera les agitations, même les émeutes qui vont se multiplier? Le récit simple et impartial des faits suffira pour découvrir, une fois encore, l'action occulte, mais résolue et calculée du parti révolutionnaire, partout où des troubles éclateront.

Les ménagères de Ferrière-la-Grande avaient été vraiment des initiatrices; à peine leurs méthodes furent-elles signalées dans la presse, qu'à peu de distance, les femmes du peuple se hâtèrent de les mettre en pratique. Dès le 27 août, aux marchés de Cambrai, Caudry, Denain, Hénin-Liétard, Lens, Liévin et Valenciennes, tantôt des vendeuses avaient été bousculées, et tantôt le beurre et les œufs culbutés; en outre, des habitations avaient été perquisitionnées.

Mais la journée du 31 août a été, dans les départements du Nord, la plus agitée de toutes. Valenciennes, Fresnes, Lens, Billy-Montigny, Aniche, Montigny-en-Goëlh, Liévin, Arras, Courrières, tous ces centres étaient, simultanément à la région de Maubeuge, en ébullition, et nous négligeons les petites localités.

IV

Le Pas-de-Calais

Commençons par le bassin du Pas-de-Calais, où le peuple était en pleine fermentation. Dans cette région, où l'influence syndicaliste est prépondérante, des réunions publiques se tenaient partout, dans lesquelles étaient prises des résolutions tendant à mettre en coupe réglée les marchands. Là comme ailleurs, nombreuses étaient les démonstrations, les menaces, les perquisitions. Tous ces faits se ressemblent, et il nous faut les négliger en grande partie pour ne pas tomber dans la monotonie. Nous devons pourtant, en abordant cette région, une mention à Hénin-Liétard. Les ménagères, après une promenade, au cours de laquelle elles se payèrent la fantaisie de jeter des briques sur les portes et les fenêtres de bourgeois mal cotés, avaient obtenu de la mairie la promesse d'une boucherie municipale. L'administration acheta deux bœufs et deux vaches pour un total de. 1.947 60
elle les vendit...................... 1.738 25

d'où un déficit de................... 209 25

Elle arrêta net l'expérience. A peu de distance de là, à Noyelles-sous-Lens, la municipalité avait accepté l'offre d'un cultivateur de tuer des vaches aux risques et périls de la commune. Le marché fut si onéreux pour elle qu'elle n'alla pas plus loin.

A Lens, 8.000 mineurs, hommes et femmes, avaient cru faire une utile démonstration pour abaisser le prix des vivres : les marchés n'ouvrirent plus; les légumes manquaient, le beurre et la viande surtout. La municipalité jugea qu'on pouvait réquisitionner le bétail, et, elle aussi, ouvrit une boucherie municipale. L'exploitation fut courte et instructive.

Tout cela, à vrai dire, était peu redoutable; c'est à Billy-Montigny que va s'ouvrir la période des événements tragiques. Dans la journée du 29 août, les ménagères s'étaient transportées chez les boulangers pour y imposer leurs tarifs; or, l'un d'eux rentrait en voiture dans la soirée, lorsqu'il fut accosté par un des groupes démarcheurs, auquel il déclara ne pouvoir donner satisfaction. Sans plus d'explications, certains l'invectivent, d'autres tentent d'escalader sa voiture. N'y pouvant réussir, ils lancent des cailloux contre le boulanger, qui est atteint à la tête et blessé. C'était un homme bien bâti, et résolu. Il saute à bas, bouscule quiconque le gêne, et rentre chez lui prendre un revolver. Quand il reparut, la devanture de son magasin était criblée de pierres; il entendait des cris de mort retentir ; d'ailleurs la masse se pressait à l'entrée, et dans un état d'exaspération qui ne va plus garder de bornes. Il braque son arme sur les assaillants ; mais une poussée générale le rejette à l'intérieur. Alors il n'hésite plus, le coup part et un homme reçoit la balle en pleine poitrine. La meute s'empare du boulanger et il allait être assommé, lorsqu'un détachement de gendarmes accourut. Les cris féroces et les projectiles redoublent sur cette intervention, et ce n'est pas sans difficultés que les cavaliers déblaient le terrain ; après cela l'on s'occupa du blessé ; il mourut le lendemain. Le boulanger, lui, était grièvement atteint à la tête, et la commotion qu'il avait ressentie ajoutant à sa blessure, il dut prendre le lit ; des gendarmes, eux aussi, avaient été touchés.

Autre genre d'exécution à Méricourt, près Arras, où 800 femmes s'étaient présentées devant une ferme pour y perquisitionner. Les fenêtres furent mises en pièces, et sans plus attendre, les visiteuses emportèrent une grande partie de la basse-cour. Autre incursion encore dans le voisinage, où l'occupant fut jeté sur le fumier et maltraité ; à lui aussi, on vola des poules. Les épiceries du village avaient été de même perquisitionnées et leurs marchandises emportées, soit à des prix que les mégères fixaient arbitrairement, soit même sans bourse délier. Là, ce n'était plus avec l'assistance,

comme on le verra plus loin, c'était sous la direction
d'un conseiller municipal qu'on opérait : « S'ils ne
« signent pas nos tarifs, s'était-il écrié auparavant,
« nous les pillerons, car ce sont des voleurs. »

V

La région de Douai

En nous dirigeant sur les Flandres, faisons un crochet sur Douai. Ce n'est pas pour nous y arrêter longtemps. Douai a deux régiments d'artillerie; la population y est essentiellement bourgeoise. C'est une localité voisine, Dorignies, qui était inquiétante. Après avoir tenté sans résultat d'exercer une pression sur le conseil municipal du chef-lieu d'arrondissement, les ménagères voulurent imposer leur tarif aux commerçants douaisiens. L'autorité municipale leur fit comprendre qu'elles devaient rester chez elles; elle interdit les attroupements, puis fit garder les points principaux. Néanmoins les vendeurs, justement inquiets, ne se montraient plus et, en outre, les bouchers prirent la résolution de fermer pendant 8 jours. On voit que, même là où le calme régnait, l'alimentation publique était dans le désarroi.

Un peu plus loin, à Cuincy, la situation était plus critique. Ainsi on avait organisé le siège d'une petite maison. Elle n'était pourtant pas habitée par un marchand de denrées ou un bourgeois; elle appartenait à un ouvrier maçon, quelque jaune sans doute. Toujours est-il qu'en un instant les portes et fenêtres furent enfoncées, la maison visitée, et les meubles du pauvre diable détériorés. C'est encore un conseiller municipal qui conduisait le mouvement.

A Aniche surtout, la situation prenait une tournure inquiétante. Les mineurs syndicalistes y avaient un plan, c'était d'affamer la localité. Dans ce but, le matin du 1er septembre, ils se rendirent aux abattoirs et y montèrent la garde ; quand les bouchers voulurent rentrer en ville, leurs marchandises furent arrêtées. Imagine-t-on à quel degré d'aberration peut pousser l'esprit du désordre ? Nos perturbateurs s'étaient munis de seringues emplies de pétrole ; si, les bouchers persistaient à sortir, ils en couvriraient la viande ! Des gendarmes, en trop petit nombre sur les lieux, essayèrent de prévenir cette tentative dégoûtante, mais sans succès : devant la contenance des énergumènes, leurs chevaux refusaient de marcher. Mais dans la nuit du 1er au 2 septembre, ce fut bien autre chose. 4.000 manifestants se ruaient à l'intérieur des abattoirs. Les uns polluèrent des viandes ; d'autres enlevèrent deux veaux et un mouton, qu'ils allèrent triomphalement exhiber en ville ; après quoi, et suivant une méthode que ne pratiquent pas encore tous les doctrinaires socialistes, ils se les partagèrent. Ceci fait, la bande s'en alla, au chant de l'Internationale et drapeaux rouges déployés, tout uniment bloquer la gare. Les boucheries, charcuteries, boulangeries continuaient nécessairement à demeurer fermées. Quel douloureux spectacle s'offre à l'imagination, lorsqu'on reconstitue ces tableaux !

A Somain, dans le voisinage, les magasins d'alimentation avaient aussi fermé. Dans le même temps que ci-dessus, 4.000 personnes se massaient sur la place. Le citoyen Broutchoux venait de débarquer, apportant la bonne parole pour la C.G.T. Les palabres commencèrent. Un acolyte n'y allait pas de main morte : « Il faut exterminer les bourgeois », et Broutchoux, sur ce langage, cria au peuple : « Vive la Sociale ! » A Escaudin, au même moment, des gendarmes n'avaient pu faire lever le siège de la boutique d'un marchand de beurre. Toute cette région, les centres charbonniers surtout, était donc soulevée; les excitations ne manquaient pas, comme on voit.

VI

La région de Valenciennes

Nous voici dans le bassin de Valenciennes. L'absence générale de vendeurs au marché de cette ville, le 31, donnait, à la vérité, la note de l'opinion générale; rien cependant n'était pour inspirer l'alarme; dans la journée, diverses conférences, avaient eu lieu à la mairie, dont les résolutions paraissaient donner satisfaction à la plupart des vœux émis par les manifestants. Quelques malins crurent toutefois devoir attirer l'attention du maire sur le prix du lait, et pourquoi donc? « S'il est cher, c'est la faute aux médecins qui prédi-« sent le choléra et la cholérine, et qui engagent leurs « malades à boire beaucoup de lait.» Voilà qui allait devenir moins facétieux. Les bouchers venaient de quitter le maire; l'un d'eux cheminait, lorsqu'un colloque un peu vif s'engagea entre lui et un ouvrier. Celui-ci tomba, sans cause explicable. La foule alors se précipite vers le boucher, qui se sauve et va rejoindre ses confrères dans un café voisin de l'Hôtel-de-Ville. « A mort Baron ! », et le siège du café commença. L'intervention du maire et des gendarmes n'eut ici d'autre résultat que de surexciter la masse, laquelle tentait de s'emparer des chevaux, ou les frappait. A plusieurs reprises les cavaliers se déployèrent inutilement. Il ne restait plus qu'à recourir aux sommations, après lesquelles la gendarmerie chargea. L'émotion s'était inévitablement généralisée devant ces faits, et bouchers, charcutiers, boulangers et d'autres commerçants, crurent prudent de fermer. Des troupes arrivaient : un escadron du 6ᵉ chasseurs, un du 4ᵉ cuirassiers; avec cela, Valenciennes jouira désormais d'une tranquillité relative.

La veille, Fresnes, tout près de Valenciennes, avait reçu un délégué de la C. G. T. L'état des esprits ne devait pas y gagner. Un débitant de primeurs fut pillé sur le marché, et la boutique d'un épicier saccagée. Puis, les manifestants allèrent s'en prendre à une ferme du voisinage, dont ils firent le siège, après avoir maltraité le propriétaire. Une autre ferme encore fut saccagée, et son occupant, atteint d'une maladie de cœur, succomba sur le champ par la violence de l'émotion.

Nous avons hâte, en les conduisant à Bruay, près Valenciennes, d'offrir à nos lecteurs un aspect tout à fait original de la campagne. Le 2 septembre, les femmes de l'endroit quittèrent par milliers leurs corons, pour se distribuer dans les habitations de la ville, et embrigader « les bourgeoises » dans une immense procession qu'elles méditaient sur Valenciennes. Ces dernières pourtant vivaient dans de continuelles précautions ; mais, les portes enfoncées, il ne fallait plus songer à la résistance. On conte que d'infortunées Parisiennes, se trouvant là en villégiature, durent emboîter le pas. Notez qu'il était 5 heures du matin. Voilà donc la colonne en marche ; les ménagères les plus vigoureuses, armées de triques, n'en épargnaient pas les malheureuses qui tentaient de fuir ; des femmes enceintes, requises comme les autres, demandaient en vain grâce aux dirigeantes. Valenciennes était le but, disons-nous ; la marche dura trois longues heures. Il se rencontrait cependant, çà et là, des partis de cavaliers ; aucun n'intervint. Par exemple, au moment où la masse se présenta devant Valenciennes, la police se montra, et elle fut inflexible pour repousser les manifestantes. Femmes et hommes — car il s'était joint de ceux-ci et en grand nombre — entrèrent en rage ; mais les sommations faites, la dispersion commença, et les « bourgeoises », et les « Parisiennes » purent enfin reprendre le chemin de Bruay.

Grandeur et décadence... ! ; tel est le sujet que rappellent les infortunes du maire de Denain. Ce pauvre homme était pharmacien ; Flaubert domicilie Homais à Yonville en Normandie ; la vérité est que Homais est de tous les pays — quoi qu'il semble avoir fait de la France sa patrie d'élection. Le Homais du temps de Flaubert était taciturne, modeste et casanier ; aujourd'hui c'est un gros personnage, agité, ambitieux et voyageur ; il est invariablement conseiller municipal, souvent conseiller général ; il en est qui ont conquis la députation — et même plus. Et de fait M. Selle, par une progression, disons plutôt par un cumul rapide, est arrivé aux fonctions de conseiller municipal, conseiller général et député, tout cela, il est vrai, sous l'étiquette socialiste. Sa littérature n'était pas rassurante, à en juger par certains passages de l'affiche, qu'au début de septembre, il fit placarder sur les murs de sa bonne ville (1).

(1) Les conseillers municipaux de Denain présents, réunis hors séance, le mercredi 30 août, à la mairie, sous la présidence du citoyen Selle, estimant que c'est avec juste raison que la population se soulève contre l'augmentation constante du coût de la vie ; Considérant qu'il n'est plus possible à l'ouvrier de pouvoir se procurer honnêtement ce qui lui est nécessaire pour ses besoins et ceux de sa famille ;... que *les droits d'entrée imposés sur les produits étrangers ne servent qu'à favoriser la spéculation et le vol,..* ; Reconnaissant *que le Parlement bourgeois est toujours très empressé, lorsqu'il s'agit de fabriquer des lois scélérates contre les militants ouvriers,* et que rien n'a été fait pour empêcher la spéculation sur les denrées alimentaires et tout ce qui est nécessaire aux besoins de l'existence ; Réclament *des mesures énergiques contre le vol et la spéculation, opérés sur le dos de la classe ouvrière, qui se trouve écrasée sous le poids de ces iniquités sociales,* et comptent sur tous les élus pour intervenir immédiatement à cet effet ; Partant de ce principe que la terre peut nourrir tout ce qu'elle porte ; déplorent d'être dans la triste obligation de constater qu'il y a tant de malheureux qui produisent tout et meurent de faim, alors qu'une infime minorité d'individus, véritables parasites, ne produisent absolument rien, regorgent de superflu, ce qui est dû à la mauvaise organisation sociale, contre laquelle les conseillers municipaux de Denain n'ont cessé de protester et protestent à nouveau.

L'attitude de la municipalité socialiste apportait ainsi des ferments nouveaux à l'agitation ambiante. L'autorité ne s'était pas méprise sur la gravité de la situation. D'importantes forces de cavalerie et d'infanterie avaient été envoyées à Denain, et placées sous le commandement du lieutenant-colonel Desbrières, du 7e hussards. Après diverses manifestations de peu d'importance, que les patrouilles avaient dissipées sans grand effort, l'émeute débuta brutalement. Elle se manifesta le huit septembre, à la sortie des ateliers, par une colonne de 2.000 personnes venant débaucher d'autres ouvriers encore en travail. Aux sommations légales, les manifestants répondirent par des pierres, des briques, des morceaux de bois à l'adresse des cavaliers, et des tessons de bouteilles jetés sous les pieds des chevaux. Par un effet psychologique toujours observé dans les foules en courroux, des colères isolées se propagent insensiblement ; tous les éléments en fermentation s'entraînent les uns les autres, et font d'êtres individuellement inoffensifs, des sortes de bêtes sauvages. Le bruit des vociférations était assourdissant. A la vue de ce spectacle, nul doute pour les autorités : la cohue des perturbateurs ne pouvait être rompue que par des mesures énergiques. Il y avait en ligne deux escadrons du 7e hussards, 2 compagnies du 127e et de nombreuses brigades de gendarmerie. Aux derniers avertissements, les émeutiers répondirent par des bordées de projectiles. Le colonel

Desbrières ordonna de charger. Ce fut une mêlée indescriptible. Les enfants et les femmes, dont on avait fait le bouclier traditionnel, invectivent les soldats; les hommes serrent les naseaux des chevaux; des bêtes glissent, se cabrent ; le cheval d'un lieutenant tombe frappé d'une bouteille à la tête; des cavaliers sont désarçonnés, puis entourés et piétinés; partout les émeutiers frappent comme ils peuvent, et où ils peuvent; de leur côté, les hussards, pour se dégager, font des moulinets; à coups de plats de sabre, ils tapent à droite à gauche, et devant eux. Une demi-heure entière la bataille dura, après quoi, la cavalerie restant maîtresse du terrain, le silence fut partout.

Mais à quoi servait donc son maire, s'il n'amenait de la troupe pour fraterniser? Question assez naturelle sur laquelle le peuple méditait en soignant ses blessés. M. Selle allait faire de la politique expérimentale. Son dévouement n'avait pourtant pas manqué à la chose publique; quelques jours auparavant, il avait ramené de la Villette des bœufs admirables, dont l'entrée avait été rendue plus sensationnelle encore par des banderoles aux chères couleurs; et une boucherie municipale avait été ouverte. On ne tarda pas à s'y quereller; des femmes sortirent de l'abattoir contusionnées; mais, comme aux boucheries bourgeoises, il fallait payer, et tous comptes faits, le gain fut trouvé si maigre par les ménagères, que les rancœurs de la charge encore cuisante amenèrent devant l'officine

du maire une manifestation. Il ne l'attendait pas, et
à ce diapason surtout. Les préparatifs furent aussi ra-
pides que significatifs. En un instant, le feu était à la
maison. Des pompiers qui accourent sont repoussés;
puis les forcenés pénètrent à l'intérieur et cherchent
leur maire, le citoyen, le camarade maire. Au dehors
les cris de haine sont unanimes et féroces. Nul doute
sur le sort ingrat qu'on va lui faire. Une fuite discrète,
favorisée par une acrobatie d'une variété nouvelle,
furent pour lui le salut. Une piteuse affiche, le soir, ter-
minait sa carrière municipale — ou la suspendait —
en annonçant sa démission et celle de ses adjoints.
M. Selle a gardé ses autres fonctions.

VII

La région de Roubaix

Après la période si mouvementée des premiers jours de septembre, il semblait que la tranquillité dût renaître de tous côtés; mais le parti révolutionnaire a un vaste et solide camp retranché dans la région de Roubaix, d'où il allait faire sortir ses grosses phalanges et en composer une puissante armée du désordre. L'émeute va tout à la fois se circonscrire et s'intensifier sur les points où, malheureusement, comme nous l'allons voir, elle persistera

Roubaix n'est pas seulement une vaste école d'initiative; la grande cité est aussi un modèle d'organisation électorale. Un sens remarquablement pratique, un infatigable besoin d'action et un grand esprit de solidarité, tels sont, avec la fierté locale, les traits de l'homme d'affaires roubaisien. Ces qualités pouvaient, seules, assurer à la bourgeoisie la défense de ses multiples et importants intérêts, dans les luttes incessantes qu'elle soutient contre le parti socialiste. Ces deux grandes fractions du corps électoral s'équi-

librent, à quelques centaines de voix près, et l'on
peut dire que depuis 15 ans, chacune d'elles est restée
indéfectible. Auparavant, contre le bloc socialiste
s'agitaient là comme ailleurs, des partis dont la variété aurait pu se mesurer sur les nuances de l'arc en
ciel; tous, d'ardeur égale, mais jaloux de leur auto-
nomie, et préoccupés moins du salut commun que de
leurs succès particularistes. Persuadés, sur de désas-
treuses expériences, que les dogmes — politiques ou
autres — ne sont pas une arme efficace pour les grandes batailles politiques, des esprits distingués ont
entrepris la fusion des divers éléments hétérogènes; et
de fait, par une admirable communion d'idées, il s'est
constitué un faisceau d'énergies qui, pour n'avoir pu
éviter certains échecs dans les élections législatives,
a tout au moins su protéger les services locaux contre
une éviction socialiste. Si, dans les troubles récents,
la ville n'a pas subi d'excès pires, c'est à la fermeté
de ses administrateurs qu'il faut en rendre hommage.
Des centres industriels ont plus ou moins de notoriété;
la place de Roubaix a des relations, même des comp-
toirs dans le monde entier. Peu d'industrie en dehors
de ses textiles, qui y subissent toutes les transforma-
tions. La population est de 120.000 habitants, dont la
majeure partie se compose de familles vivant des
fabriques, et en outre d'un très gros élément belge.
Nous avons dit que la moitié des électeurs appartient
au parti socialiste. Lafargue a représenté à la

Chambre une circonscription de Roubaix pendant quelques années; après deux législatures, M. Eugène Motte, un des plus éminents industriels de la région et en même temps un des plus vaillants champions des vieilles luttes électorales, a été battu par M. Jules Guesde. Cette élection donne la nuance à laquelle appartiennent les socialistes de Roubaix; par leur maître, ils ont été jusqu'ici classés dans le parti réformiste.

Ces diverses observations étaient nécessaires avant de pénétrer dans l'agglomération qui, avec la banlieue de Maubeuge, Saint-Quentin et la vallée de la Meuse, a été la plus atteinte de toute la région du Nord de la France.

A peine une effervescence, naturelle d'ailleurs, se remarquait-elle dans la ville durant les premiers jours de septembre; Roubaix paraissait jusqu'alors rebelle au syndicalisme révolutionnaire, et ainsi se distinguer de nombreux autres centres du Nord. Tout changea dans la journée du mercredi 6 septembre. Les troubles débutèrent par l'accusation portée contre un pauvre marchand de légumes, d'avoir tenu des propos injurieux contre des ménagères du quartier. Comme leurs tentatives réitérées de violences avaient été repoussées dans la journée, les perturbateurs prirent leur revanche, en gagnant une remise où le marchand déposait ses produits. En un clin d'œil, la porte fut enfoncée, deux camions renversés, les sacs de pommes de terre éventrés et leur contenu dispersé; puis, grâce aux paniers qui se trouvaient là, et avec de la paille, un des camions fut mis en feu. Des pompiers accourus durent fuir devant l'attitude de la populace.

Le lendemain, et cette fois sans motif spécial, une bande s'arrêtait devant une boucherie de la rue des Récollets, pour en faire le siège et saccager ses rares marchandises. Peu après, c'était le tour de deux marchands de beurre de la rue de Flandre, dont les magasins furent également pillés. Le soir, des groupes se transportaient devant une autre boucherie, au cul du Four : briques, pierres tombèrent dans la boutique; la porte fut défoncée, et les forcenés en auraient fait le sac sans l'intervention d'une escouade d'agents. Ils allèrent rue de la Vigne se dédommager en brisant les vitres et les glaces d'un rez-de-chaussée. D'autres groupes, vers le même moment, avaient choisi la boutique d'un marchand de beurre de la rue de Flandre, dont la devanture fut détruite aussi. Ailleurs, pareilles tentatives n'échouèrent que grâce à l'intervention de la troupe. Mais comme celle-ci ne pouvait être partout, le magasin d'un autre marchand de beurre encore fut attaqué; la porte céda vite, et une irruption à l'intérieur permit aux gredins de piller tout ce qu'ils y trouvèrent.

Le quartier du Pil devait voir surgir, dès le 8

au matin, de nouveaux désordres. Les bandes s'étaient d'abord contentées de manifester devant quelques boucheries. Une boulangerie de la rue de la Balance retint leur attention. Le commerçant avait pourtant fermé ses volets; c'était bien inutile; en un tour de main, ils furent arrachés, et drus les matériaux tombèrent dans la boutique. La scène se passait d'ailleurs gaiement :

> « Quand le pain nous manquera,
> Il faudra taper dans le tas ! »

Le couplet fut interrompu et le sac aussi, par la soudaine apparition de la troupe; mais sitôt que les cavaliers eurent perdu le contact de la meute, elle s'arrêta devant l'étalage d'un marchand de légumes. Il était bien temps quand ils reparurent au trot ! des briques et des pierres jonchaient l'intérieur; les bennes avaient été culbutées, les légumes dispersés et piétinés. Pendant qu'ils y avaient la main, les forcenés voulurent attaquer les magasins d'une rue voisine; on avait eu la précaution de la barrer.

Les forces dont disposait à ce moment la municipalité étaient notoirement insuffisantes pour prévenir ou réprimer de nouveaux désordres; aussi, dans l'après-midi, l'état-major général avait-il dépêché sur Roubaix un escadron du 6e chasseurs et un bataillon du 43e. Mesures de prévoyance, car la soirée réservait à la population de plus redoutables épreuves.

Le jour tombait quand une bande s'abattit sur le

magasin d'un marchand de légumes de la rue de Lannoy. Dans la région du Nord, les constructions sont en briques; les perturbateurs ont à leur disposition des approvisionnements toujours faciles. Les nôtres avaient donc couvert de briques l'intérieur et tout saccagé déjà, quand se montra un détachement composé de chasseurs et de gendarmes. Les projectiles changèrent de direction devant cette importune intervention; bientôt deux chasseurs étaient touchés, et le commissaire du quartier atteint de deux blessures, l'une à la tête et l'autre au cou, d'où se dégageait une abondante hémorragie. Pour la seconde fois la cavalerie dut exécuter une charge, durant laquelle un cheval tomba, lardé de coups de couteau. Les énergumènes ne capitulèrent pas encore ; ils avaient reporté leurs déprédations sur le boulevard Beaurepaire, que les cavaliers durent dégager par une troisième charge.

Si à Maubeuge, Saint-Quentin et Charleville les désordres ont été graves aussi, de toutes les localités éprouvées par ces douloureuses agitations, c'est sûrement dans le groupe industriel de Roubaix que les scènes ont été les plus multipliées et où la résistance fut la plus opiniâtre. La soirée n'était pas finie pour les émeutiers. Nous venons de les voir refoulés; une demi-heure après, leur masse s'était reconstituée au boulevard de Belfort. Ils eurent le juste pressentiment d'un retour offensif de la troupe, et voilà qu'il se

trouvait tout auprès un bâtiment en construction.
Vite, ils en arrachent les matériaux et dressent trois
barricades, dont deux en potence. Dans le secteur
qu'ils ont ainsi formé se trouve le magasin d'un marchand de beurre. Les uns se retranchent derrière les
barricades; quant aux autres, protégés maintenant
de toutes parts contre la cavalerie, ils pouvaient va-
quer tranquillement, si l'on peut ainsi parler, à leur
œuvre de destruction. Ce fut bref. La porte enfoncée
et la devanture éventrée, une cohue de malandrins
fait irruption à l'intérieur, brise tout, enlève les bennes de légumes, puis les transporte sur le boulevard
avec des débris tirés de la maison, allume un feu de
joie, autour duquel elle danse au rythme de chants
révolutionnaires. Joie exhubérante d'un peuple en
voie d'émancipation, dirait le pompeux M. Jaurès.
Ses protégés ne devaient pas attendre longtemps. La
cavalerie arrivait au trot. Le chef de la sûreté, si laborieuse qu'apparût l'opération, donna l'ordre de
nettoyer la rue coûte que coûte. Les officiers prirent
la tête, après quoi tous ces braves soldats, sans souci
des projectiles qui les couvrent, lancent leurs chevaux
en plein dans l'obstacle. Sur tous les fronts à la fois
les barricades sont franchies. La débâcle ne fut pourtant pas immédiate. Les émeutiers ont apporté des
bouteilles, dont les tessons roulent sous les chevaux,
et les briques volent encore, si vigoureuse que la poursuite soit.

Dans le même temps, une rencontre entre une forte colonne de jeunes énergumènes et des gendarmes, sur la place du Trichon, vaut à ceux-ci des projectiles : mais les émeutiers tiennent à manifester contre « des bourgeois » attablés dans les cafés de la Grand-Place. Leur contenance devient si résolument menaçante, en cet endroit encore, que la cavalerie doit prendre ses positions ; au bout d'un moment, elle n'eut plus à hésiter ; elle chargea, mais alors sabre au clair. Cette nouvelle et vigoureuse dispersion aurait dû clore les événements de la journée. Ce n'était malheureusement pas fini. Tout ce qui restait d'infanterie disponible à Lille avait été réquisitionné et amené en hâte ; le Parquet de cette ville et le procureur général se tenaient en permanence ; 24 arrestations avaient été opérées. Ces rigueurs, après une répression qui avait fait chez eux de nombreux blessés, n'arrêtèrent pas encore la rage des manifestants. En effet, dans la soirée du 8 septembre, ils se retrouvaient devant le même magasin que la veille, rue de Lannoy. Leur attitude commandait une action énergique. Une charge de gendarmes aurait normalement suffi pour une dispersion immédiate ; mais les conduites de gaz venaient d'être coupées et les bouches d'égout ouvertes. En une telle situation, la cavalerie ne pouvait se déployer sans danger, et cependant les projectiles pleuvaient de tous côtés. Ordre fut donné aux fantassins de charger leurs armes, et avis de se défendre, n'importe comment, en cas d'extrémité. Cette contenance agit sur les perturbateurs, et ils se dispersèrent peu à peu.

Les pauvres troupiers étaient harassés ; ils durent de nouveau passer la nuit à donner la chasse aux émeutiers, et ce n'était pas inutile. Ceux-ci purent encore mettre à sac le magasin d'un marchand de légumes de la rue Pierre-de-Roubaix, et les déprédations causèrent à la femme du logis une si violente émotion qu'elle dut prendre le lit.

Réunion publique le lendemain matin, tenue par des ménagères, d'où semblait devoir sortir l'apaisement des esprits, puisque nombre de commerçants avaient fait des concessions sur le prix des denrées. L'effervescence ne fut pourtant pas calmée. Dans cette rue de Lannoy, si éprouvée déjà les jours précédents, et dans la grande rue, de nouveaux désordres se produisaient : deux boucheries, une pharmacie, celle-ci exploitée par l'adjoint au maire, venaient d'être endommagées par des projectiles. La gendarmerie y mit promptement fin ; mais d'autres groupes alors opéraient ailleurs ; un magasin d'épicerie dans le quartier de la Vigne était au pillage, quand survint la cavalerie, laquelle dut exécuter une charge encore. A vrai dire la lassitude seule eut raison de l'émeute.

Tels sont les lamentables événements que dut subir la grande ville manufacturière. L'attitude ondoyante de l'autorité supérieure, dans de trop nombreuses circonstances, appelait une censure. A Roubaix, l'élément nomade abonde; les Belges y sont fort nombreux, avons-nous dit. Tout cela constituait des foyers d'agitation redoutables. Aussi est-ce un honneur pour ceux à qui incombait le maintien de l'ordre, d'avoir, par une inlassable activité, exercé leurs efforts préventifs ou répressifs, partout où un danger était signalé, et presque toujours assez à temps pour en empêcher l'aggravation.

Roncq est une localité de 6.000 habitants, située auprès de Tourcoing. On y avait négocié sur les prix, et la municipalité ne doutait pas qu'une entente se fît, quand des groupes débouchèrent, bruyants et menaçants; les gendarmes eurent vite fait de couper la colonne. Mais pour cela, il l'avait fallu charger, et ce ne fut pas sans dommage pour les chevaux. La dispersion n'était que provisoire; la tâche devait être plus malaisée dans un quartier voisin, où la foule assiégeait une ferme. Dès l'apparition des gendarmes, on entendit des cris sauvages; l'un d'eux venait d'être sérieusement blessé. Une nouvelle charge s'imposait. Elle fut rapide, mais énergique.

Halluin est un centre désolé, depuis qu'y règne la terreur syndicaliste. Il y a, entr'autres établissements, un très important tissage, exploité par la maison Lepoutre, dont une grande partie du personnel est en grève depuis quinze mois. Pourquoi? C'est que les femmes veulent des salaires égaux à ceux des hommes. Hâtons-nous de dire que la cause, peut-être déterminante, dans l'attitude du syndicat, fut lá résolution inébranlable prise par les patrons de ne pas traiter avec lui. Ils ont tenu bon jusqu'ici et déclarent sans cesse qu'ils ne cèderont pas. Leur industrie ne chôme pas entièrement, grâce à la fidélité d'un parti jaune. Ces ouvriers entrent à l'usine le lundi, y sont nourris, y couchent, et regagnent leurs foyers le samedi. On peut se souvenir, car elles ont été retentissantes, des émeutes prolongées et graves qui eurent lieu déjà en mars 1910. Le terrain était favorable pour un retour offensif.

Dès l'arrivée des jaunes, le lundi 4 septembre, un millier de rouges étaient à la gare, ceux-ci huant ceux-là, et chantant l'Internationale ou la Carmagnole. C'est pourtant aux gendarmes qu'allèrent d'abord les briques; leur présence était surtout une offense pour les perturbateurs. L'arrestation de l'un d'eux déchaîna les bagarres; serrés de près, les gendarmes chargent; mais la dispersion ne durera qu'un instant. Les émeutiers vont d'usine en usine pour débaucher les ouvriers au travail; une chasse nouvelle porta à son comble leur surexcitation. Mais la meute se donne tout-à-coup rendez-vous à l'usine Lepoutre. La gendarmerie reparaît en hâte pour prévenir une catastrophe. Au premier choc, le lieutenant est fortement

touché; les chevaux ne peuvent plus avancer, per-
dus qu'ils sont dans la foule; le commissaire de police
est atteint par une brique dans le dos. Une nouvelle
charge est prescrite. Or, dans l'entre-temps, arrivaient deux tombereaux, puis un chariot transpor-
tant un arbre de dix mètres de longueur. Tout cela
était propice à une barricade, qui est construite
promptement par des groupes, tandis que les autres
résistent à la cavalerie. Alors, un brigadier est arraché de son cheval et un maréchal des logis atteint en
pleine figure. On avait mandé de toute urgence des
troupes de Lille, qui tardaient à arriver. Les ouvriers
neutres des usines, qui se présentent pour la reprise
du travail, sont enregimentés, et par là l'action se
généralise. « A Maubeuge », crie-t-on de toutes parts.
La haie du chemin de fer, vers lequel s'engage la
masse, est traversée; les manifestants veulent fran-
chir la voie pour s'y abriter et mieux lutter. Des renforts arrivent enfin, et une charge nouvelle commen-
ce. Les gardiens de la barricade, voyant leurs camarades malmenés, la quittent et accourent; mais,
d'autres barricades surgissent, dans lesquelles les
émeutiers vont enfermer les gendarmes. Les briques,
les pierres, des pavés même, tombent par volées.
Des reporters, en cours d'observation, vont succom-
ber sous les projectiles; l'un d'eux est déjà grièvement blessé; un autre a reçu un coup de tête dans
le ventre. Heureusement, voici qu'accourent d'abord

les douaniers, et surtout ce sont deux escadrons de chasseurs, à peine débarqués à Lille, qui arrivent au triple galop. L'action va s'intensifier. Le commissaire de police, sûr maintenant de ses forces, mais conscient des malheurs qui sont imminents, veut parlementer : il est maltraité. Malgré les renforts, la résistance des émeutiers demeure opiniâtre; d'ailleurs la masse, en cédant du terrain, se comprimait davantage, et la pluie de ses projectiles devenait plus dense. Un officier supérieur, qui vient de prendre la direction des opérations, a, du premier coup d'œil, mesuré l'exceptionnelle gravité du drame. Il faut pourtant y mettre un terme. Dans le même instant venaient d'arriver encore, et par train spécial, deux bataillons du 43e; ils accourent au pas gymnastique et prennent position sur le champ. L'espace permettait une évolution facile. Les troupes se massent, les cavaliers botte à botte, l'infanterie appuyant les chasseurs. Le commandant vient se placer au centre. D'une voix qui domine les vociférations, il ordonne aux cavaliers de dégainer, après quoi d'une aile à l'autre retentit le traditionnel : Chargez ! Ce fut un immense et terrifiant coup de balai. La voie publique était libre, et la plupart des émeutiers envoyés au delà de la frontière, où ils pourraient à aise y soigner leurs blessés. On en comptait chez nous d'assez nombreux plus ou moins grièvement atteints. Un dernier fait montrera à quel état d'exaspération les esprits étaient montés. Le soir des événements précédents, deux émeutiers se présentaient dans un estaminet : « Enfin, voilà la révolution arrivée, nous sommes maintenant les maîtres ». — « Pas encore » fit remarquer un consommateur. Sur cette seule observation, une rixe s'engage ; celui-ci est un robuste gaillard ; il saisit un des deux énergumènes, le culbute, et par les oreilles lui cogne la tête sur le pavé, avec une rage telle que le crâne fut fracassé ; la mort survenait peu après.

Toute l'agitation semblait concentrée à Roubaix dans les premiers jours de septembre. L'explication en est facile ; le parti socialiste y est tenu sous une discipline rigoureuse et sans cesse à l'épreuve. Les esprits à Tourcoing sont diversifiés. Aussi, et malgré sa contiguité avec Roubaix, se justifie l'atténuation fort sensible des troubles dans la ville sœur.

Le 5 septembre, des désordres s'étaient déjà produits ; mais c'est le lendemain soir qu'ils allaient se développer et atteindre une réelle intensité. Une réunion venait d'être tenue à l'Hôtel de Ville pour l'examen du prix des denrées, quand 5.000 personnes se portèrent sur la maison du Peuple, sous la conduite du citoyen Pierpont, conseiller d'arrondissement socialiste. Sur le parcours se trouvait le magasin d'un marchand de beurre ; l'attitude de cette foule devint si menaçante pour la boutique que les gendarmes durent intervenir. Mais persuadés de leur force, les émeutiers les eurent vite couvert de projectiles; un brigadier fut blessé grièvement. Les charges devenaient une sorte de fonction courante pour les cavaliers. Celle qu'ils venaient d'exécuter avait donné peu de résultats, car la masse venait de se reformer un peu plus loin, et si nombreuse maintenant qu'elle pouvait s'étendre aux rues voisines. Alors commença une série de manœuvres alternantes, les gendarmes chargeant, la foule se dispersant, puis se reformant, et ainsi de suite, durant lesquelles les projectiles tombaient sans interruption. Une des rues où la lutte était engagée se trouvait justement en réparation. Les émeutiers ont vite compris l'usage qu'ils peuvent faire des pavés gisant çà et là. Ils ajoutent aux pavés tout ce qui est à leur portée, et peuvent ainsi établir plusieurs barricades. Sous cette protection, les forcenés vont pouvoir bombarder à leur aise les cavaliers. Mais un gros détachement de gendarmes survient en renfort; le commissaire de police veut conjurer les dangers respectifs d'un assaut, et il parlemente; une brique lui tombe sur la tête. Il n'y avait plus à hésiter; gendarmes et chasseurs franchissent tous les obstacles, au risque de briser les jambes à leurs montures. On devine les résultats. Il y avait de part et d'autre des blessés, mais la tranquillité était rétablie. Pas encore définitivement cependant, car le lendemain matin éclataient à

Tourcoing des troubles sur de nombreux points. Des magasins furent l'objet d'actes de violence. Des fermes du voisinage souffrirent gravement aussi; dans l'une d'elles, le propriétaire lâcha de vigoureux molosses, et ce fut assez pour mettre en fuite les assaillants.

Il restait quelques groupes d'énergumènes en activité. Ils n'avaient rien à craindre dans un petit bourg voisin, Mouveaux. Ce leur permit d'aller saccager une ferme occupée par deux septuagénaires. Les portes enfoncées et les carreaux criblés, ils mirent le mobilier en miettes. Les pauvres vieillards passèrent par de si cruelles angoisses qu'ils durent prendre le lit.

VIII

La région de Dunkerque

Les ménagères de la région de Dunkerque, encouragées par le récit des événements de Maubeuge, se réunirent à 1800 le 31 août, à la Bourse du Travail, pour décider qu'on manifesterait le surlendemain au grand marché. Le chant de l'Internationale y alternant avec leurs discours, donnait à croire qu'elles ne s'y retrouveraient pas dans un esprit conciliateur. La municipalité répondit par la mobilisation de cent gendarmes, dont 50 à cheval, plus 50 agents ; puis elle interdit aux manifestants l'accès de la place Jean-Bart ; d'ailleurs elle décida de suspendre le marché. Les ménagères furent néanmoins fidèles au rendez-vous du samedi. C'est par une chasse aux voitures qu'elles débutèrent. Certaines grimpaient à l'intérieur, et les conducteurs ne pouvaient se défendre contre des attaques qui se généralisaient et dont, au surplus, eurent à souffrir aussi les fermiers arrivant dans l'ignorance de l'arrêté municipal. Du beurre fut saisi et vendu par un groupe d'agitateurs au prix du tarif des ménagères. Encore une nouveauté à recueillir.

L'inquiétude devait s'accentuer; aussi deux escadrons du 13e cuirassiers arrivaient-ils de Chartres le 3 septembre. Le sous-préfet avait réuni en conférence les délégués des sociétés et syndicats d'agriculteurs, lesquels furent d'avis que, la crise étant générale en France et même en Europe, on ne pouvait baisser pour l'instant le prix des denrées; les seules mesures à prendre étaient l'importation du bétail des colonies et la prohibition d'exportation (1).

Nous laisserions de côté les escarmouches que suscitèrent çà et là les agitateurs, si nous n'étions contraint de signaler à quel point d'égarement peuvent tomber les représentants de l'autorité quand s'affaiblit l'énergie du pouvoir central. Des mégères venaient, le 6, de dévaliser la voiture d'un marchand de beurre, quand le groupe principal résolut d'aller perquisitionner à l'hôtel du Commerce, toujours dans le même espoir de trouver du beurre en dépôt. Et sous les auspices de qui devait s'accomplir l'opération? Personne n'ajouterait foi au fait lamentable que nous allons rapporter, s'il n'était connu de tous dans la région. La perquisition eut lieu en compagnie du commissaire de police, et qui mieux est, du sous-préfet, et ce furent eux qui ouvraient la marche ; les gendarmes ? ils gardaient l'entrée de l'hôtel ! L'opération, en une telle pompe, devait se faire consciencieusement. Il ne se trou-

(1) Nous examinerons dans la seconde partie, la valeur de ce dernier système.

va pourtant rien. Les huissiers tombant chez un débiteur qui n'a plus de mobilier, dressent une carence ; l'histoire ne dit pas si le sous-préfet dressa un procès-verbal administratif de ses opérations. Il avait pourtant sa place aux archives de la C. G. T.,mais au carton de l'an 1920.

Le procès-verbal qu'allait, le lendemain, dresser la municipalité, était d'un autre ordre. Dans une réunion tenue sous la présidence du maire, les bouchers et charcutiers, après avoir fait valoir les énormes droits fiscaux qui renchérissaient la viande, et l'impossibilité de baisser les prix, annonçaient la fermeture de leurs boutiques. Des confrères de Bergues étaient venus déclarer leur intention d'en faire autant. Il ne restait à l'administration locale qu'à pourvoir au ravitaillement de la ville, et nous allons voir dans un instant que ce n'était pas une vaine résolution.

En attendant, des manifestantes avaient décidé une promenade à Malo-les-Bains, situé à peu de distance. Si nous signalons ce détail, c'est pour retrouver un commissaire de police assistant encore les ménagères dans la perquisition qu'elles firent en chemin chez un laitier. Louons le sous-préfet ; il était, cette fois, resté à la porte, où il attendait le résultat ; quelle modération !

Les boucheries privées demeuraient fermées, et les abattoirs chômaient. La municipalité dut requérir l'envoi de bouchers militaires ; 17 bœufs furent tués dans une journée ; mais la Bourse du Travail lui vint

en aide en débitant du lapin, puis du beurre. Visiblement, on était las de toutes parts ; la C. G. T. jugea le
calme revenu trop vite ; elle convoqua les syndicats ouvriers du port afin de leur faire accepter la grève générale. Eux aussi, surtout après les ruineuses grèves antérieures, en avaient assez, la grande cité de Jean-Bart
reprit le cours de son existence normale, soustraite,
pour cette fois, aux tyrans de la rue Grange-aux-Belles.

Bourbourg est une localité pourtant agricole ; mais
la contamination avait fini par gagner une partie
de ses habitants ; au surplus des syndicalistes de Dunkerque, dirigeants de la Bourse du travail étaient
venus dans la journée du 6 organiser l'agitation.
C'était jour de marché ; tous les cultivateurs des environs étaient, comme d'habitude, assemblés dans un
café de la Place. Un de ces motifs quelconques, comme
nous en avons relevés, et qu'on est souvent autorisé
à tenir pour d'hypocrites provocations, va déchaîner
les bagarres. Elles débutèrent d'une façon soudaine,
et par une rixe entre les cultivateurs et manifestants.
La gendarmerie accourut, croyant pouvoir arrêter
l'action par un barrage ; précaution inutile ; la lutte
reprit de plus belle. Des cultivateurs en sortirent
blessés, des manifestants aussi, et ce fut grâce à l'énergique intervention de la gendarmerie qu'on évita des
malheurs, car de part et d'autre la fureur était extrême.
La population sage comprit que la police la plus efficace est, dans un pays où l'autorité légalise les viola-

tions de domicile, celle qu'on fait soi-même. Quelques jours après, 2.000 fermiers se réunissaient à Bourbourg et confiaient à une cavalerie de 50 jeunes gens résolus et vigoureux, devenus « *special constable* », le soin de protéger les propriétés privées. La tranquillité ne fut plus troublée.

IX

La région de Charleville

Trop voisines sont les Ardennes pour avoir été épargnées dans l'agitation qui a sévi sur les autres de la région du Nord.

La Vallée de la Meuse est comme un champ de culture socialiste. Naguère, et à peu de distance de Charleville, s'était fondée une colonie anarchiste, dont un des membres les plus notoires était un sieur Henry, frère de l'anarchiste condamné à mort pour l'explosion de la rue Saint-Lazare. Aujourd'hui, et surtout avec le concours des municipalités, la plupart socialistes, le syndicalisme a pris dans cette contrée une des formes les plus concrètes qui aient été réalisées en France. Il répond à toutes les spécialités corporatives; la discipline y est exemplaire. L'esprit des syndiqués, certaines organisations locales et jusqu'aux mœurs, accusent des tendances collectivistes, et par leur affiliation à la C. G. T., une adhésion des syndicats au parti révolutionnaire. S'il était resté des doutes sur ce dernier point, la manière dont les socialistes de la Vallée de la Meuse vont protester contre la vie chère les aurait définitivement effacés.

Dans les Ardennes, comme dans le Nord, et partout où des manifestations de consommateurs se produisirent, les femmes ont voulu garder avec un soin jaloux l'initiative de la campagne. Mais les socialistes de la Vallée de la Meuse n'étaient pas d'humeur à parlementer longtemps. Le 8 septembre, la municipalité de la commune de Braux, située à 10 kilomètres de Charleville, mettait en conférence les ménagères et les commerçants. Les bouchers déclarèrent ne pouvoir se soumettre aux exigences qu'on voulait leur imposer. C'est sur ce seul motif que, la séance levée, se mettait en branle une foule précédée de tambours et de clairons, battant la charge contre les réfractaires. Un pareil état d'esprit serait invraisemblable s'il ne s'était révélé par des scènes déplorables. Cette foule, groupée en hâte et sur une résolution soudaine, se précipita vers les boucheries, hurlante de cris et de menaces; puis, passant à l'action, cribla les étals de briques, pierres et tessons de bouteilles ; bientôt les devantures volent en éclats, le matériel est brisé, un exploitant est blessé. Trois boucheries et deux charcuteries avaient été en très peu de temps plus ou moins dévastées. Les forcenés se préoccupaient peu de la vie chère, comme on voit. Ce n'était pas fini. Le lendemain 9, 4.000 manifestants parcouraient les localités voisines, toujours chantant l'Internationale, en alternance avec les clairons et tambours, et se portaient vers les usines

pour imposer la cessation du travail. Fort heureusement des pelotons de cavalerie apparurent dans l'entre-temps, dont l'attitude énergique calma les vel-
léités d'attaque des perturbateurs.

Charleville allait le 9 septembre donner la réplique.
Une grande manifestation avait été résolue au cours
d'une réunion publique tenue la veille, et dans laquelle un orateur parlait au nom de la C. G. T. Un
maire soucieux de la tranquillité locale devait donner toute son attention à cet état d'esprit ; celui de
Charleville, après les excitations précédentes, jugea
que des mesures préventives s'imposaient ; il interdit la manifestation du lendemain. Elle eut néanmoins lieu, et la troupe qui aurait dû la dissoudre
lui fit cortège ; des femmes, des enfants marchaient
en tête avec le constant symbole : le drapeau rouge.
La faiblesse momentanée de l'autorité municipale
n'était pas pour calmer l'ardeur des dirigeants. A
peine, en effet, un agitateur, le seul arrêté jusque-
là, venait-il d'être conduit au poste, que la masse
alla s'entasser dans la place centrale et en exigea la
liberté ; un conseiller général et le député voulurent
s'interposer. Mais, sur l'entrefaite, arrivaient des
dragons, qui furent accueillis par des bordées d'invectives. Aussitôt les premiers individus en contact
prennent les chevaux à la bride ; les vociférations
deviennent générales ; une mêlée va s'engager. L'au-

torité sentit la faute initiale qu'elle avait commise; sur l'imminence du danger, qu'aggravait la disposition des lieux, elle ordonna enfin de charger. Ce fut un inexprimable désordre. Les dragons marchent sabre au clair et bousculent la foule; celle-ci tantôt résiste, tantôt lâche pied, et tout à coup par une volte-face, revient sur les cavaliers; des femmes et des enfants se trouvant dans la mêlée, poussent des cris d'effroi. Enfin, et grâce à une action rapide, la place fut bientôt nettoyée.

La ville allait donc gagner une tranquillité relative; toutefois les agitateurs systématiques et intéressés devaient porter ailleurs leurs efforts. Voyons comment.

Le 11 septembre était jour du marché hebdomadaire de Charleville, fort important d'ailleurs. Certains préparatifs laissaient, à n'en pas douter, prévoir une reprise de l'agitation; et de fait, vers 9 heures, 2.000 manifestants, recrutés dans les localités industrielles environnantes, débouchaient en ville par syndicats distincts, tambours, clairons en tête, et chantant dans un imposant ensemble l'Internationale. Où allait donc cette foule menaçante? Charleville et Mézières formeraient une agglomération complète si les deux villes n'étaient séparées par la Meuse et le chemin de fer. C'est à un passage à niveau que se heurta d'abord la masse. Des fantassins

avaient été postés pour le défendre, lesquels n'hési-
tèrent pas à croiser la baïonnette sur le premier rang.
La foule en eut vite raison, et du passage à niveau aussi ;
un sergent, un caporal avaient été blessés dans la
bagarre, et le commissaire de police particulièrement
maltraité. Sur un pont de la Meuse, autre barrage,
gardé encore par des fantassins, rompu et franchi à
son tour et sans plus de difficulté. Un troisième bárra-
ge devant la préfecture, mais que la présence des
dragons rendait infranchissable, arrêta enfin les manifestants. Une délégation au Préfet lui remit un ca-
hier de doléances, qu'il promit d'examiner ; et comme de part et d'autre on garantissait l'ordre, la troupe se retira, puis, les 3.000 manifestants satisfaits —
et ils l'étaient à bon compte — reprirent lentement
et tranquillement le chemin de leurs localités res-
pectives.

Ce n'est pas la journée du 12 qui allait ramener le
calme, quoique les ouvriers eussent repris le travail
partout. Dès le matin, des groupes, hommes et femmes, se répandaient autour des usines pour imposer
le chômage, ce qui déjà provoqua une escarmou-
che avec des détachements de cavaliers, dont les
chevaux furent assez maltraités. Mais voilà que peu
à peu des groupes nouveaux, grossis d'instant en
instant, se concentrent sur la place centrale en réclamant à tue-tête la démission du maire. Les dra-

gons durent intervenir à nouveau, et ce furent encore des cris de haine qui se manifestèrent contre eux. Lorsque des populations, d'ordinaire si notoirement patriotiques, adoptent une telle contenance, est-il permis de garder un doute sur les sourdes excitations qui les travaillent? Les dragons et la foule en viennent sur le champ aux prises. Sur un autre point de la ville, autre collision. La lutte est partout où se heurtent troupe et manifestants; un gendarme, procédant à une arrestation, est cerné et criblé de coups de poings; un coup de couteau traverse la tunique d'un brigadier.

Des négociations avaient été engagées entre les corps intéressés sur le prix des denrées; on annonça sur ces entrefaites qu'elles venaient d'aboutir; cette foule, si combative il y a un instant, se déclara satisfaite.

Charleville n'avait pas été seule éprouvée par l'émeute. A Mézières, le matin même, 3.000 manifestants, toujours précédés de clairons et tambours, avaient entrepris de rompre un cordon composé de fractions du 91e, du 14e dragons et de nombreux gendarmes. Une vingtaine de charges, au dire de certains, auraient été nécessaires pour déblayer le terrain, pendant lesquelles on vit des émeutiers briser sous les pieds des chevaux les bouteilles pillées dans un café. Mais une autre rencontre allait se produire encore, et plus pénible. Par le jeu de leur circulation, les dragons venant de Charleville bloquèrent à un moment la foule contre un détachement massé à l'entrée de Mézières, Sans issue pour échapper aux dragons, les manifestants, vociférant de colère, se ruent sur les chevaux, s'y accrochent ou en saisissent la bride; des bêtes se cabrent, les pierres volent, et les dragons chargent avec une telle vigueur qu'en trois minutes ils ont fait place nette; à quel prix !

La vie chère était si loin de la pensée des organisateurs du mouvement, que les terribles leçons des jours précédents demeuraient inefficaces. De nouveau, la Vallée de la Meuse allait se mettre en mouvement, et sans qu'on s'explique pourquoi, c'est sur Charleville que les manifestants décidaient de se porter encore une fois. Dès leur apparition sur les hauteurs en aval de la rivière, des dragons prirent position. Pour éviter une rencontre, le détachement se replia une première, puis une seconde fois, et peu à peu la multitude se trouva en ville, musique accompagnant le chant de l'Internationale, clairons sonnant, tambours battant la charge, et poussant maintenant la cavalerie devant elle. Un « halte » vigoureux se fit entendre, et l'ordre fut donné aux dragons de refouler la masse. De part et d'autre, on était las de cet état de combativité; d'ailleurs les projectiles dont, sans interruption depuis le contact, étaient couverts les premiers rangs de cavaliers, n'étaient pas pour refréner leur impatience; les manifestants, eux, étaient armés de gourdins, bêches, pioches, même de tringles de fer. Au commandement, les dragons partirent au galop. Rarement une charge sur des groupes populaires fut plus dramatique. Attaqués, puis disloqués, émiettés, dispersés, les manifestants prirent leur refuge partout où ils pouvaient entrer; mais des maisons se fermaient devant eux; dans d'autres, ils entraient en se bousculant; murs, balustrades, haies, tout était franchi; les dragons, que la fuite de ces factieux ne protège pas contre leur rage, frappent à coups de plat de sabre tout ce qui est devant eux; dans leur emballement, et comme ils sont lapidés de tous côtés, ils continuent à frapper, même des femmes et des enfants — du moins l'a-t-on assuré.— Les projectiles pleuvent toujours et les cavaliers, s'acharnant contre les maisons où sont réfugiés des émeutiers, entaillent les portes et font sauter les vitres; les grilles des jardins ont cédé; les dragons s'y précipitent et sabrent toujours. La poursuite des dragons répond à la haine des rebelles; elle est générale, implacable, frénétique. Une portion des manifestants demeurée compacte, résiste et lutte toujours; une seconde charge la refoule sur plusieurs kilomètres. Puis un calme lugubre s'établit; les cavaliers sonnent au rassemblement et, en silence, regagnent la ville, terrifiée de ces représailles sanglantes, car de part et d'autre il y avait de 40 à 50 blessés. Les pauvres soldats n'en avaient pourtant pas fini. A leur retour, un parti de forcenés les attendait; voici des briques, des tessons de bouteilles et des pots de fleur projetés contre eux; un lieutenant reçoit une bouteille à la tête; deux sauvages, homme et femme, frappent d'un coup de couteau un cheval, qui s'abat, puis ils se réfugient dans un café; quoi, c'est à leurs bêtes maintenant qu'on se prend? des dragons quittent l'étrier; en quelques vigoureux coups de sabre ils ont réduit la devanture en miettes et bondi à l'intérieur, d'où ils extraient les misérables.

Durant les événements qui précèdent, un train spécial, emportant un bataillon du 91e et les autorités, allait procéder à Braux à l'arrestation de onze individus spécialement inculpés du sac des boucheries. Peu après avait lieu l'arrestation aussi d'un sieur Dumoulin, conférencier de la C. G. T., inculpé de provocation au sabotage des voies ferrées et de propagande anarchiste.

Dans les autres villes des Ardennes, tout s'était borné à de l'agitation. A Sedan, le discours d'un sieur Taffet, autre délégué de la C. G. T., n'avait pu entraîner la population ouvrière à des excès (1).

____

(1) Cet individu vient d'être, ces derniers temps, condamné pour un délit tout spécial d'attentat aux mœurs.

Le 23 septembre seulement, le 14e et le 28e dragons regagnaient leur cantonnement, et 100 gendarmes retournaient à leur poste. La tranquillité de la région était restée trop factice pour écourter le séjour de ces troupes.

Les diverses autorités ont, au cours de ces funestes événements, été parfaites dans leur incessante vigilance, leur unité d'action, leur esprit de décision et leur énergie; sous la réserve de quelques faiblesses, excusables par la soudaineté des événements et le juste souci des répressions militaires, toujours redoutables, ces autorités méritent des éloges, auxquelles il serait injuste, cependant, de ne pas associer le délégué de la sûreté générale, M. Hennequin.

La région du Nord n'était malheureusement pas la seule qui souffrît de l'agitation. Des troubles poussés jusqu'à l'émeute, avaient éclaté en d'autres nombreux points de la France, plus particulièrement à Brest, Troyes, Pont-à-Mousson, Saint-Étienne et Creil.

Cette étude historique dégage un enseignement: c'est que là où l'autorité sait prendre ses responsabilités, les émeutes sont réprimées vite, puis localisées. Elle a eu pour résultat aussi de mettre en évidence les éléments complexes de l'agitation qui a sévi sur la

région du Nord en août et septembre. Partout où
les influences locales sont demeurés autonomes, les
manifestations ont été sincères, et n'ont pas, à l'origine, excédé le juste droit dont doivent disposer les citoyens libres dans un pays libre. En retour, partout
où des éléments perturbateurs de l'ordre social, et
surtout étrangers, se sont infiltrés dans la masse
ouvrière, la vie chère n'a pas été un motif, elle a été
un prétexte, facteur d'abord initial, puis constant
de désordre. Un rapprochement est très instructif.
A deux semaines près, les émeutes ont été simulta-
nées dans toutes les agglomérations ouvrières; or,
à Charleville, à Sedan, dans la région du Nord, et,
ainsi qu'on peut le remarquer sur d'autres centres
industriels, la C. G. T. avait envoyé ses délégués. Au
surplus, depuis un an, elle préparait ostensiblement
une campagne ardente sur la vie chère, persuadée que
l'intérêt des classes nécessiteuses les concilierait à ses
desseins. Nous montrerons plus tard que la cherté des
subsistances doit durer; s'il est vrai que le gouvernement actuel doit gouverner, il serait temps qu'il soumît
à la loi ces organisations louches et malfaisantes, qui,
avec tant de fréquence et d'opiniâtreté, aggravent les
troubles d'ordre économique, si funestes déja en eux-
mêmes, jusqu'à des émeutes touchant parfois à
l'insurrection.

DEUXIÈME PARTIE

LA VIE CHÈRE CONSIDÉRÉE
AU POINT DE VUE ÉCONOMIQUE

CHAPITRE PREMIER

LA STATISTIQUE DES PRIX

Les manifestations contre la vie chère ne se sont attaquées qu'aux denrées alimentaires. Notre étude est circonscrite ; c'est aux principales denrées que nous nous tiendrons, si intéressant qu'il puisse être de rechercher quelle était, dans ces derniers temps, la condition des articles de consommation en général.

Mais quiconque se préoccupe de la hausse des prix, s'astreint par là même à la fixation d'un point de départ. Or, dans les travaux publiés sur les matières alimentaires, on a souvent évolué sur le XIXe siècle tout entier. Cette méthode ne nous satisfait pas. Tant

que les instruments de communication n'ont pas permis la facilité, la rapidité et l'économie des échanges, les prix sont demeurés régionaux. Les cotations variaient, en effet, selon les disponibilités de chaque marché, lesquelles, elles-mêmes, étaient gouvernées par des éléments ambiants, fort divers, on en conviendra. Si l'on veut donner au marché de Paris la valeur d'un sérieux élément statistique, nous n'y contredirons pas : indice, oui, mais régulateur, quand les produits y arrivaient par voie d'eau ou par le roulage, c'est ce dont il est permis de douter. Veut-on une preuve décisive de la variété des prix sur le territoire français? C'est la création de l'échelle mobile, qui, on le sait, fixait le cours du blé suivant des zones. Des motifs de même ordre conduisent à penser que la divergence des prix existait pour toutes les denrées. Mais quand nos grandes artères ferrées eurent rayonné sur toutes les parties du pays, détenteurs, intermédiaires et consommateurs devaient se rapprocher. Les marchés s'équilibrant dans l'approvisionnement, nul doute, la télégraphie et les journaux aidant, que l'écart dans les cours dût s'atténuer.

A défaut d'une mercuriale régulière des marchés de province, que l'absence ou les défectuosités du service de la statistique générale ont laissée très vague, partons de 1880, et envisageons les produits essentiels à l'alimentation : blé, farine, pain, viande, beurre et œufs. Même en partant de 1880, la cotation des prix apparaîtra assez large encore pour dégager une impression d'ensemble, et surtout pour permettre d'apprécier, par un rapide coup d'œil, les écarts qui se sont produits dans la période rapportée.

Nous donnerons d'abord les prix moyens de la France entière, puis ceux cotés aux Halles Centrales de Paris; après cela, et puisque notre travail est inspiré par les troubles du Nord, nous indiquerons les prix pratiqués dans cette région.

I

A. — Les prix moyens pour la France entière (1)

ANNÉES	BLÉ le quintal	FARINE le quintal	PAIN (le kilo)		
			1re qualité	2e qualité	3e qualité
1880-1889 moyenne	25.20				
1890-1894 — ..	23.30	34.32	» 34	» 30	» 26
1895-1899 — ..	20.16	31.85	» 33	» 28	» 25
1900-1904 — ..	20.86	29.91	» 31	» 27	» 25
1905..........	22.86	32.46	» 33	» 29	» 26
1906	22.83	32.56	» 33	» 29	» 27
1907	23.26	32.48	» 34	» 30	» 27
1908	22.90	32.14	» 34	» 30	» 27
1909	23.60	33.04	» 34	» 31	» 27
1910 (2).......	26.24	36.90	» 36	» »	» »
1911 (7 1ers mois)(3)	26.66	35.62	» »	» »	» »

(1) Statistique annuelle du ministère de l'agriculture pour 1909, p. 130.

(2) Ces derniers cours de 1910 sont ceux cotés à la Bourse de Commerce de Paris (Statistique générale de la France publiée par l'Office du Travail, p. 386).

(3) Moyenne relevée par l'auteur sur les cours de la Bourse de Paris.

B.— Prix moyens de gros pratiqués aux Halles Centrales de Paris (1)

Années	Bœuf	Vache	Veau	Mouton	Porc	Beurre	Œufs	Pommes de terre Prix de l'Assistance publique
	le kgr.	le kgr.	le kgr.	le kgr.	le kgr.	le kgr.	l'unité	au kgr.
1881–1890 moyenne..	1 40	1 30	1 75	1 73	1 37	» »	» »	» 089
1891–1895 — ..	1 41	1 33	1 75	1 80	1 40	2 94	» »	» 068
1896–1900 — ..	1 42	1 33	1 78	1 74	1 40	2 79	» 08	» 077
1901.1905 — ..	1 35	1 29	1 82	1 92	1 36	2 81	» »	» »
1906	1 25	1 26	1 95	1 86	1 55	3 16	» 09	» 084
1907	1 95	1 36	1 99	2 13	1 83	3 06	» 09	» 088
1908	1 54	1 51	2 01	2 09	1 67	3 13	» 09	» 083
1909	1 53	1 52	1 93	2 15	1 40	2 92	» 09	» 077
1910	1 60	1 53	2 07	2 05	1 58	3 16	» 09	» »

II

Les prix dans la région du Nord

Voyons maintenant comment les prix se sont comportés dans le Nord de la France. Il nous a paru suffisant de relever les cours des centres administratifs, généralement mieux organisés pour la statistique, que les villes plus populeuses (2). En retour, nous avons pu faire remonter nos citations jusqu'en 1872.

(1) Statistique générale de la France publiée par l'*Office du Travail*. Salaires et coût de la vie jusqu'en 1910, p. 386.

(2) Nous avons été servi dans nos recherches par l'inépuisable obligeance des municipalités dont les noms figurent aux tableaux. Nous nous empressons de leur en manifester d'autant plus de gratitude, que nous ne nous abusions pas sur la difficulté des recherches que nous leur imposions.

OBSERVATIONS PRÉLIMINAIRES

I. — Le lecteur ne doit pas perdre de vue un principe essentiel pour la lecture de la statistique. Il faut s'attacher moins aux cours eux-mêmes qu'aux fluctuations : la science statistique, en effet, ne répond pas de l'exactitude des chiffres; elle met en œuvre ceux qu'on lui livre, et borne son effort à en tirer des comparaisons.

II. — Nous avons adopté les cours pratiqués en janvier. Nous ne pouvions solliciter des municipalités une fusion des prix pratiqués à tous moments de l'année et surtout sur des périodes quinquennales; l'obligeance a des limites. L'époque adoptée est sans importance dès qu'on s'y tient pour toutes les années et pour toutes les denrées. Encore une fois, tout est affaire de comparaison.

III. — Nous avons eu l'occasion de constater l'insuffisance de nos mercuriales municipales. Les cotations émises paraissent trop souvent prises en l'air, et sans égard à la qualité des produits. Il y a un bien grand progrès à réaliser de ce côté.

IV. — Ces tableaux appellent des observations sur la différence des prix entre les localités. Des causes spéciales peuvent les expliquer, indépendamment de causes plus générales,dont nous nous occuperons tout à l'heure. Ces différences tiennent aux facilités d'approvisionnement des marchandises, à la fiscalité municipale, au taux des salaires dans certains centres, surtout dans les grandes agglomérations industrielles, et aussi à l'aisance de la bourgeoisie, toutes choses provoquant plus ou moins la consommation, dans la quantité et la qualité, et par là même une concurrence dans la recherche des produits.

BŒUF (le kilo)

Janvier	1872	1875	1880	1885	1890	1895	1900	1905	1910	1911	Moyennes
Amiens	1 80	1 90	1 60	1 60	1 60	1 80	1 60	1 70	1 75	1 80	1 70
Arras	1 60	1 75	1 10	1 95	1 60	1 50	1 40	1 35	1 80	1 80	1 58
Avesnes	1 50	1 50	1 60	1 60	1 60	1 60	1 60	1 80	1 80	1 80	1 64
Béthune	1 70	1 70	1 60	1 60	1 60	1 70	1 70	1 70	1 85	1 90	1 70
Boulogne	2 »	2 »	2 »	2 20	2 »	2 »	2 »	2 40	2 20	2 20	2 10
Cambrai	1 90	1 60	1 70	2 »	2 »	2 10	2 10	2 10	2 10	2 10	1 95
Charleville	»	»	2 00	2 10	1 90	»	1 50	1 60	1 60	1 70	1 77
Douai	1 80	1 80	1 85	2 »	1 95	1 95	1 90	2 10	2 20	2 20	1 97
Dunkerque	2 »	2 »	1 90	1 90	1 90	1 80	1 70	1 80	1 85	1 90	1 87
Lille	1 71	1 71	1 20	1 55	1 70	1 58	1 54	1 52	1 65	1 70	1 57
Reims	»	»	1 77	1 54	1 56	1 72	1 78	1 70	1 72	1 90	1 71
Roubaix	2 »	1 60	1 90	1 80	1 80	1 80	1 95	1 95	2 10	2 10	1 90
Valenciennes	1 90	1 90	1 90	2 10	1 80	1 60	1 45	1 58	1 81	1 85	1 78
Moyennes	1 81	1 77	1 70	1 85	1 85	1 75	1 70	1 80	1 88	1 90	»

VACHE (le kilo)

Janvier	1872	1875	1880	1885	1890	1895	1900	1905	1910	1911	Moyennes
Amiens	1 80	1 90	1 60	1 60	1 60	1 80	1 60	1 70	1 75	1 80	1 70
Arras	1 56	1 40	1 80	1 80	1 50	1 20	1 20	1 20	1 50	1 70	1 50
Avesnes	1 50	1 50	1 60	1 60	1 60	1 60	1 80	1 60	1 80	1 80	1 65
Béthune	1 60	1 60	1 50	1 50	1 50	1 60	1 60	1 70	1 80	1 80	1 60
Boulogne	2 »	2 »	2 »	2 »	1 90	2 »	2 »	2 20	2 20	2 20	2 05
Cambrai	1 80	1 55	1 70	2 »	2 »	2 »	2 »	2 »	2 »	2 »	1 90
Charleville	»	»	1 80	1 80	1 60	»	1 50	1 60	1 60	1 75	1 65
Douai	1 70	1 70	1 75	1 90	1 90	1 85	1 80	2 »	2 »	2 »	1 85
Dunkerque	2 »	2 »	1 80	1 80	1 80	1 70	1 40	1 60	1 65	1 70	1 75
Lille	1 60	1 60	1 15	1 40	1 60	1 45	1 44	1 38	1 45	1 45	1 45
Reims	»	»	»	»	»	»	»	»	»	»	»
Roubaix	2 »	1 60	1 90	1 80	1 80	1 80	1 95	1 95	1 80	1 80	1 85
Valenciennes	1 90	1 90	1 90	1 90	1 60	1 50	1 45	1 48	1 74	1 78	1 71
Mayennes	1 76	1 70	1 71	1 76	1 70	1 68	1 65	1 72	1 77	1 81	»

VEAU (le kilo)

Janvier	1872	1875	1880	1885	1890	1895	1900	1905	1910	1911	Moyennes
Amiens	2 40	2 10	2 »	2 »	2 20	2 40	2 20	2 20	2 30	2 40	2 22
Arras	1 75	1 75	2 10	2 50	2 »	2 »	2 30	2 10	2 40	2 80	2 17
Avesnes	1 60	1 60	1 60	1 60	1 80	1 80	1 80	1 80	1 90	2 »	1 75
Béthune	2 »	2 »	2 »	2 »	2 »	2 »	2 20	2 20	2 40	2 40	2 12
Boulogne	2 40	2 20	2 40	2 20	2 »	2 »	2 40	1 90	2 70	2 70	2 30
Cambrai	2 80	1 80	1 90	2 20	2 »	2 20	2 20	2 20	2 20	2 20	2 17
Charleville	» »	» »	2 »	2 10	1 80	» »	2 »	2 40	2 40	2 40	2 15
Douai	2 20	2 20	2 30	2 30	2 15	2 »	2 20	2 »	2 20	2 20	2 17
Dunkerque	2 40	2 40	2 20	2 40	2 20	2 40	2 »	2 »	2 »	2 »	2 20
Lille	1 75	1 75	1 70	2 05	2 15	2 »	2 10	2 05	2 10	2 »	1 96
Reims	» »	» »	1 75	1 78	1 85	2 23	2 »	2 05	2 35	2 60	1 96
Roubaix	2 50	1 80	2 90	2 50	2 50	2 50	2 50	2 70	2 80	2 80	2 55
Valenciennes	2 10	2 10	2 »	2 30	2 20	2 »	1 80	1 95	2 25	2 05	2 07
Moyennes	2 17	1 97	2 06	2 14	2 06	2 12	2 13	2 11	2 30	2 35	2 13

MOUTON (le kilo)

Janvier	1872	1875	1880	1885	1890	1895	1900	1905	1910	1911	Moyennes
Amiens	2 25	1 90	2 »	2 »	2 »	2 40	2 20	2 40	2 45	2 40	2 18
Arras	»	»	»	»	»	»	»	»	»	»	»
Avesnes	2 40	2 40	2 40	2 40	2 40	2 40	2 40	2 60	2 60	2 40	2 45
Béthune	1 95	1 55	2 »	2 »	2 »	2 20	2 20	2 20	2 40	2 40	1 88
Boulogne	2 60	2 20	2 40	2 50	2 40	2 20	2 50	2 20	2 80	2 90	2 42
Cambrai	1 80	1 70	1 80	2 »	2 »	2 20	2 20	2 20	2 20	2 20	2 09
Charleville	»	»	2 »	2 30	2 »	»	2 »	2 40	2 50	2 50	2 25
Douai	2 30	2 30	2 30	2 35	2 30	2 30	2 35	2 15	2 30	2 30	2 29
Dunkerque	2 40	2 40	2 40	2 35	2 35	2 30	2 »	1 95	1 95	2 »	2 23
Lille	2 13	2 13	1 75	2 »	1 95	1 80	1 95	2 »	2 10	2 10	1 98
Reims	»	»	1 87	1 73	1 90	2 05	2 »	2 »	2 40	2 50	2 05
Roubaix	2 50	1 80	2 50	2 20	2 20	2 20	2 20	2 80	2 80	2 80	2 23
Valenciennes	2 10	2 10	2 10	2 30	2 20	2 »	1 80	2 15	2 40	2 45	2 16
Moyennes	2 24	2 09	2 13	2 18	2 14	2 18	2 15	2 25	2 41	2 41	»

PORC (le kilo)

Janvier	1872	1875	1880	1885	1890	1895	1900	1905	1910	1911	Moyennes
Amiens	2 40	1 80	2 20	1 80	1 80	2 20	2 10	2 »	2 10	2 40	2 04
Arras	1 55	1 45	2 30	1 90	2 30	2 »	2 30	1 80	2 60	2 60	2 07
Avesnes	2 20	2 20	2 20	2 20	2 20	2 20	2 20	2 40	2 50	2 60	2 25
Béthune	1 80	1 80	2 »	2 »	1 90	1 90	2 20	2 20	2 40	2 40	2 02
Boulogne	2 »	2 »	2 10	2 30	2 »	2 20	2 20	2 »	2 40	2 40	2 13
Cambrai	2 25	1 50	1 50	2 »	1 85	2 »	2 »	2 »	2 »	2 »	1 90
Charleville	» »	» »	2 »	2 »	1 80	» »	1 90	2 »	2 20	2 30	2 03
Douai	1 85	1 85	1 90	2 »	1 95	1 95	2 »	1 95	2 25	2 20	1 95
Dunkerque	2 »	2 »	2 »	1 80	1 90	1 90	1 60	1 90	1 90	1 90	1 89
Lille	1 28	1 28	1 25	1 50	1 45	1 30	1 40	1 48	1 80	1 75	1 30
Reims	» »	» »	1 38	1 18	1 40	1 44	2 10	2 »	2 15	2 45	1 76
Roubaix	2 20	1 60	2 30	2 »	2 »	2 »	2 20	2 15	2 40	2 40	2 10
Valenciennes	2 20	2 20	2 20	2 30	2 20	1 80	2 »	2 20	2 65	3 05	2 30
Moyennes	1 97	1 86	1 94	1 92	1 92	1 90	2 01	2 »	2 25	2 34	» »

BEURRE (le demi-kilo)

Janvier	1872	1875	1880	1885	1890	1895	1900	1905	1910	1911	Moyennes
Amiens .... (le kilo).	2 45	3 40	3 50	3 »	2 30	2 50	2 30	2 25	2 45	2 50	2 70
Arras	1 40	1 50	1 25	1 30	1 35	1 40	1 50	1 45	1 45	1 55	1 40
Avesnes	1 20	1 20	1 40	1 40	1 40	1 40	1 50	1 50	1 60	1 70	1 40
Béthune	1 70	1 70	1 70	1 70	1 70	1 70	1 60	1 60	1 70	1 70	1 70
Boulogne	1 20	1 50	1 80	1 50	1 60	1 70	1 60	1 50	1 70	1 95	1 45
Cambrai	»	»	»	»	»	»	»	»	0 80	1 55	»
Charleville .... (le kilo).	»	»	2 50	2 50	2 50	»	2 30	2 60	2 50	2 50	2 50
Douai	1 40	1 40	1 70	1 45	1 50	1 50	1 50	1 60	1 45	1 60	1 50
Dunkerque	1 39	1 40	1 40	1 38	1 40	1 42	1 45	1 40	1 60	1 80	1 43
Lille	1 50	1 50	1 70	1 70	1 70	1 70	1 70	1 80	1 90	2 »	1 69
Reims	»	»	»	1 50	1 20	1 50	1 30	1 40	1 50	1 70	»
Roubaix	1 75	2 25	2 »	1 75	1 75	1 75	1 75	1 50	1 80	1 85	1 81
Valenciennes	»	»	»	»	»	»	»	»	»	1 75	»
Moyennes	1 55	1 76	1 89	1 73	1 67	1 65	1 67	1 71	1 70	1 74	»

ŒUFS (le demi-quarteron = 13)

Janvier	1872	1875	1880	1885	1890	1895	1900	1905	1910	1911	Moyennes
Amiens	»	»	»	»	»	»	»	1 80	1 80	2 40	2 »
Arras	0 85	1 25	1 70	1 35	1 55	1 55	1 55	1 45	1 65	1 80	1 47
Avesnes	1 75	1 75	1 75	1 75	1 85	1 85	2 »	2 –	2 25	2 50	1 95
Béthune	1 50	1 50	1 75	1 75	1 70	1 60	1 60	1 50	1 60	1 95	1 65
Boulogne	1 15	1 50	1 30	1 45	1 20	1 90	1 90	1 50	2 »	3 25	1 75
Cambrai	»	»	»	«	»	»	»	»	2 60	2 70	2 65
Charleville	»	»	1 55	1 50	1 45	»	1 50	1 50	1 88	1 88	1 60
Douai	1 25	1 25	1 25	1 25	1 35	1 35	1 90	1 95	2 »	2 »	1 55
Dunkerque	1 25	1 15	1 15	1 20	1 25	1 25	1 25	1 25	1 50	1 55	1 28
Lille	1 50	»	»	»	»	»	»	»	»	3 50	»
Reims	»	»	»	1 50	1 50	1 50	1 30	1 »	1 40	1 30	1 35
Roubaix	1 40	1 40	1 »	1 15	1 15	1 15	1 15	1 40	2 05	2 30	1 41
Valenciennes	»	»	»	»	»	»	»	»	»	«	»
Moyennes	1 33	1 40	1 43	1 45	1 45	1 52	1 56	1 53	1 90	2 25	»

LAIT (le litre)

Janvier	1872	1875	1880	1885	1890	1895	1900	1905	1910	1911	Moyennes
Amiens	»	»	»	»	»	»	»	0 20	0 20	0 20	0 20
Arras	0 30	0 30	0 30	0 30	0 30	0 30	0 30	0 30	0 30	0 30	0 30
Avesnes	0 20	0 20	0 20	0 20	0 20	0 20	0 20	0 20	0 20	0 20	0 20
Béthune	0 25	0 25	0 25	0 25	0 25	0 20	0 20	0 20	0 30	0 30	0 24
Boulogne	»	»	»	»	»	»	»	»	0 30	0 30	0 30
Cambrai	»	»	»	»	»	»	»	»	»	»	»
Charleville	»	»	»	»	»	»	»	»	»	»	»
Donai	0 20	0 20	0 20	0 20	0 20	0 20	0 20	0 20	0 25	0 25	0 20
Dunkerque	0 30	0 30	0 30	0 30	0 30	0 30	0 30	0 30	0 30	0 30	0 30
Lille	0 20	0 20	0 00	0 00	0 00	0 00	0 00	0 25	0 30	0 00	0 24
Reims	»	»	»	»	»	»	0 25	0 25	0 25	0 25	0 25
Roubaix	0 20	0 20	0 20	0 20	0 20	0 20	0 20	0 20	0 25	0 23	0 20
Valenciennes	0 20	»	»	»	»	»	»	»	»	0 30	»
Moyennes	0 23	0 235	0 24	0 24	0 24	0 235	0 235	0 23	0 265	0 245	»

PAIN (le kilo , prix moyen en janvier, de qualité moyenne.

Janvier	1872	1875	1880	1885	1890	1895	1900	1905	1910	1911	Moyennes
Amiens	»	»	»	»	»	»	0 32	0 37	0 37	0 40	0 32
Arras	0 35	0 38	0 41	0 29	0 31	0 31	0 29	0 30	0 37	0 37	0 34
Avesnes	0 40	0 40	0 36	0 36	0 34	0 34	0 34	0 36	0 34	0 32	0 36
Béthune	0 37	0 37	0 37	0 36	0 36	0 36	0 30	0 30	0 31	0 30	0 35
Boulogne	0 44	0 32	0 40	0 30	0 34	0 32	0 30	0 34	0 40	0 40	0 35
Cambrai	0 40	0 36	0 37	0 27	0 33	0 30	0 29	0 33	0 36	0 37	0 34
Charleville	»	»	0 35	0 33	0 35	»	0 32	0 32	0 32	0 32	0 33
Douai	0 32	0 32	0 30	0 31	0 32	0 32	0 29	0 33	0 35	0 37	0 32
Dunkerque	0 45	0 42	0 40	0 35	0 40	0 33	0 33	0 35	0 33	0 33	0 37
Lille	»	»	»	»	0 32	0 29	0 29	0 30	0 34	0 32	0 31
Reims	»	»	0 43	0 28	0 32	0 30	0 30	0 32	0 33	0 35	0 33
Roubaix	0 44	0 43	0 43	0 36	0 36	0 30	0 30	0 35	0 38	0 38	0 37
Valenciennes	0 46	0 36	0 42	0 30	0 34	0 28	0 29	0 33	0 39	0 37	0 35
Moyennes	0 30	0 30	0 42	0 32	0 35	0 30	0 35	0 40	0 42	0 43	»

POMMES DE TERRE (prix du quintal)

Janvier	1872	1875	1880	1885	1890	1895	1900	1905	1910	1911	Moyennes
Amiens	»	»	»	»	»	»	»	8 »	14 »	17 »	13 00
Arras	11 55	12 50	9 80	12 80	11 40	8 55	7 80	9 65	15 »	15 »	10 05
Avesnes	8 50	8 50	10 »	10 »	9 »	9 »	9 »	10 »	10 50	11 »	9 50
Béthune	8 »	8 »	8 »	7 50	8 »	8 »	9 »	9 »	13 50	13 »	9 30
Boulogne	6 »	6 »	13 »	6 50	6 »	7 50	7 »	7 »	15 25	20 »	9 50
Cambrai	6 80	6 25	16 55	6 55	5 »	5 »	8 75	9 35	16 25	21 75	9 95
Charleville	»	»	8 00	8 00	10 00	»	10 75	12 00	10 10	13 00	10 25
Douai	5 »	5 »	6 »	6 »	6 50	6 50	8 »	10 »	16 »	16 »	8 45
Dunkerque	15 »	15 »	13 75	11 25	11 25	12 50	12 50	12 65	14 25	14 65	12 90
Lille	7 50	7 50	12 »	8 »	8 50	12 50	10 »	8 »	10 50	13 50	9 70
Reims	»	»	16 35	9 33	5 82	6 87	5 75	6 75	15 00	21 00	10 85
Roubaix	13 75	10 15	12 50	8 75	8 75	8 75	13 10	13 10	13 30	16 »	12 80
Valenciennes	»	»	»	»	»	»	»	»	»	»	»
Moyennes	9 15	8 75	11 45	8 60	7 30	8 51	9 24	9 62	13 64	16 00	»

Bœuf

I. — On remarque que Boulogne a les prix les plus élevés. Cela n'a d'autre explication possible que le fréquent passage des étrangers. Viennent après Douai et Cambrai, villes à bourgeoisie riche. On remarque des bas prix dans de gros centres à marchés bien approvisionnés; de fait, c'est vers les gros marchés que les pays herbagers expédient leurs bœufs.

II. — Les cours ci-dessus représentent la moyenne des qualités. L'écart entre les qualités, depuis 1903-1904, tend à s'atténuer; on peut voir d'ailleurs qu'aux marchés de la Villette, c'est-à-dire sur le gros, il ne dépasse pas 0,25 au kilo. Dans le détail, il y a conformité absolue de prix entre le bœuf et la vache à Amiens, Arras, Avesnes, Béthune, Cambrai, Charleville, Reims et Roubaix. Ailleurs, la différence est insensible.

III. — Si l'on s'attache aux moyennes, voici la gradation des prix : 1880 = 1900 (1), 1895, 1875, 1872 = 1905, 1885 = 1890, 1910, 1911. Visiblement, les prix étaient hauts en 1872; ils sont bas de 1875 à 1905, et montent vite de ce moment jusqu'à 1911. Ces observations répondent aux fluctuations des cours en France et souvent même à l'étranger.

(1) = signifie des cours égaux entre les années reliées par ce signe.

IV. — Les prix de 1911 ont été pratiqués auparavant : savoir : à Amiens en 1873 et 1895, à Arras en 1910, à Avesnes en 1905 et 1910, à Cambrai en 1885 et 1890, à Douai en 1905, à Dunkerque en 1880, 1885 et 1890, à Lille en 1872 et 1875, à Roubaix en 1910. Ils ont été dépassés savoir : à Amiens en 1875, à Arras en 1885, à Cambrai depuis 1895 jusqu'à 1910, à Charleville en 1880 et 1883, à Dunkerque en 1872 et 1875, à Valenciennes en 1872, 1875, 1880, 1885.

Vache

On rappelle ici que les prix de la viande de vache suivent tantôt d'une manière absolue, tantôt à une légère différence près, ceux du bœuf. Ce rapprochement nous dispense de toute observation sur le tableau qui précède.

Veau

I. — Boulogne, Roubaix, Amiens tiennent les hauts prix. On a vu la cause pour Boulogne. Roubaix et Amiens sont des villes populeuses ; pourquoi les prix y sont-ils élevés alors qu'ils sont bas à Reims et Lille ? C'est ce qu'on ne peut s'expliquer. Hormis ces cotes extrêmes, les prix du veau sont à peu près uniformes ailleurs.

Il faut noter que les prix de la région du Nord

dépassent très sensiblement les prix moyens de la France entière. Mais en consultant le tableau des prix de chaque département, on relève, comme dans le Nord, d'étranges disparités de cours. L'organisation des boucheries, des ententes locales, la qualité de la viande, l'élevage, tout cela et d'autres causes qui échappent, légitiment ces anomalies.

II. — Voici la graduation des cours aux dates quinquennales : 1875, 1872, 1895, 1885, 1880, 1890, 1900 = 1905, 1910, 1911. Les oscillations du veau n'ont pas suivi celles du bœuf et de la vache. Elles n'ont pas toujours, dans la région du Nord, répondu non plus aux cours généraux, dont la courbe monte de 1871 à 1885 pour s'abaisser jusqu'en 1905 (sauf 1894, 1895 et 1897), et se relever ensuite jusqu'aux hauts prix de 1911. Mais dans la région Nord, et à la différence des cours généraux, il faut répéter que les hauts cours avaient commencé en 1900 et n'ont pas été interrompus jusqu'à 1911.

III. — Les prix de 1911 ont été atteints, savoir : à Amiens en 1872 et 1895, à Béthune et Boulogne en 1910, à Cambrai en 1895, 1905 et 1910, à Douai en 1872, 1875 et 1910, à Dunkerque en 1900, 1905 et 1910, à Roubaix en 1910; ils ont été dépassés à Cambrai en 1872, à Douai en 1883, 1885, à Dunkerque en 1872, 1875, 1885, et 1895, à Lille en 1885, 1890, 1900, 1905 et 1910, à Valenciennes dans toutes les années précédentes, sauf 1900 et 1905 et deux années égales, 1880 et 1875.

Mouton

I. — Les prix sont élevés à Boulogne, Roubaix et Avesnes, bas à Lille et Béthune; ailleurs, ils s'égalisent, à 0 fr. 20 près. La cause de ces disparités échappe complètement; faut-il l'attribuer à des influences de places, ou des mercuriales mal tenues sur les qualités choisies?

II. — Voici l'échelle croissante des prix par moyenne d'année : 1875, 1880, 1890, 1900, 1885, 1895, 1872, 1905, 1910, 1911. C'est toujours la même harmonie, à peu de chose près, dans les périodes de fluctuation générale.

III. — Les prix de 1911 ont été égalés savoir : à Amiens en 1905, à Avesnes depuis 1872 jusqu'à 1910 sauf deux années, à Béthune en 1910, à Cambrai depuis 1895 jusqu'en 1910, à Charleville en 1910, à Douai depuis 1872 jusqu'à 1910 sauf trois années, à Dunkerque en 1895, à Lille en 1872 et 1910, à Roubaix en 1905 et 1910; ils ont été dépassés savoir : à Amiens en 1910, à Avesnes en 1905 et 1910, à Douai en 1885 et 1900, à Dunkerque de 1872 à 1895 (où ils ont été inférieurs en 1905 et 1910).

Porc

I. — Valenciennes, Avesnes, Roubaix et Boulogne tiennent les plus hauts cours; Cambrai, Dunkerque et Lille les plus bas; d'où viennent ces différences, nous renonçons à comprendre. Il est à craindre que les statistiques municipales soient en défaut; nous avons eu l'occasion de dire à cet égard les réserves qu'elles appellent. On peut cependant relever des écarts sensibles entre les prix des divers chefs-lieux de nos départements français.

II. — La gradation des prix s'établit comme il suit d'après les moyennes de toutes les villes-ci dessus : 1875, 1895, 1885 = 1890, 1880, 1872, 1900, 1905, 1910, 1911. Nous retrouvons les mêmes dispositions que pour les autres viandes : hauts prix en 1872 et à partir de 1900, et bas prix de 1885 à 1900. C'est encore conforme aux fluctuations générales.

III. — Les cours de 1911 ont été atteints précédemment dans les villes suivantes : Amiens en 1872, Arras, Boulogne, Lille et Roubaix en 1900; ils ont été dépassés; à Cambrai, 1872, à Douai, 1910, Dunkerque, 1872, 1875 et 1880, Lille, 1910.

Beurre

I. — Les prix les plus hauts ont été à Charleville et Amiens, les plus bas à Avesnes, et Arras. Ailleurs, la différence est d'environ 0 fr. 25.

II. — Notons la gradation des prix moyens : 1872, 1895, 1890 = 1900 = 1910, 1905, 1875 = 1885, 1911, 1880. La différence des cours a ici une explication naturelle ; elle tient aux influences climatériques et parfois aux épizooties, et quoi qu'on puisse penser, au taux des salaires, c'est-à-dire au développement de l'aisance.

III. — Les prix de 1911 ont été égalés savoir : à Amiens en 1895, à Béthune, d'une manière invariable depuis 1892, à Cambrai de même, à Douai en 1905, à Roubaix (à 0 fr. 10 près) en 1872, 1885, 1890, 1895, 1900, absolument en 1905 et 1910 ; ils ont été dépassés, savoir : à Amiens en 1875, 1880 et 1905, à Douai en 1880, à Roubaix en 1875 et 1880.

Œufs

I. — Les prix moyens les plus élevés ont été de beaucoup à Cambrai et Amiens ; les moindres ont été à Dunkerque, Reims et Roubaix ; ailleurs prix à peu près semblables. Il y a sur cet article d'énormes écarts entre les localités, quoique le pays produise abondamment des œufs. Là encore, les statistiques ont-elles été soignées ? Nos prix avaient été demandés pour janvier ; il est à craindre que certains aient été pris au moment où la ponte était redevenue normale.

II. — Ces raisons commandent la prudence; aussi, nous abstiendrons-nous de toute autre comparaison.

Lait

Les prix les plus élevés sont à Arras et Béthune, bassin houiller, et à Dunkerque et Lille. Partout ailleurs, les cours sont uniformes pour les localités et pour les années. Les variations sont d'ailleurs peu importantes.

Pain

Les prix ont été élevés en 1905, 1910 et 1911; ils sont à peu près stables durant les autres années, et partout sont à peu près uniformes.

Pommes de terre

I. — Il ne faut pas être dupe des moyennes établies par les villes. Les cotes exceptionnelles à de certaines années faussent l'ensemble. Ce qu'on peut noter, ce sont des prix constamment plus élevés qu'ailleurs à Dunkerque, Amiens et Roubaix. Il est à remarquer encore que le voisinage de la culture des pommes de terre est indifférent à la cote des prix ci-dessus.

II. — Les moyennes annuelles sont par gradation :

1890, 1895, 1885, 1875, 1872, 1900, 1905, 1880, 1910 et 1911. Ces deux dernières sont particulièrement élevées. Le prix de janvier 1911 s'explique beaucoup par l'humidité exceptionnelle de la campagne 1910; d'ailleurs, aucune denrée ne subit d'une manière plus directe l'influence des mauvaises saisons; il faut enfin ajouter certaines maladies qui se développent plus volontiers sous des influences climatériques.

CHAPITRE II

CONSIDÉRATIONS SUR LES CAUSES DE HAUSSE

Observation générale

Un travail sur la hausse des produits en général comporterait un ouvrage fort étendu. Même restreint aux denrées alimentaires, il devrait envisager tous les facteurs susceptibles d'agir sur les prix, multiples et variés. Il faut laisser aux traités d'économie politique cette recherche. Nous négligerons donc les influences éloignées ou indirectes pour nous tenir aux éléments directs et immédiats ; et encore, en ne considérant que les denrées alimentaires essentielles, ce travail restera fort complexe.

Le prix de revient

Un des facteurs les plus déterminants dans le prix des denrées alimentaires, et au surplus dans tous les produits quelconques, c'est assurément le prix de revient.

Son établissement est-il possible ? La négative est hors de doute, eu égard aux éléments multiples et

accidentels qui concourent à la formation des prix.
Gardons-nous d'une étude aussi périlleuse; tout au
plus ces éléments peuvent-ils faire l'objet d'intéres-
santes monographies, pourvu qu'on les borne à une
très étroite région et à un genre spécial de denrées,
et encore ! D'ailleurs les causes de hausse que nous
allons signaler apparaîtront assez nombreuses et assez
lumineuses pour dégager une conclusion bien assu-
rée; tenons-nous y.

I

Qu'un grand élan de prospérité se soit produit
depuis un grand nombre d'années, c'est ce que personne n'oserait plus méconnaître dans les diverses
régions du Nord de Paris. Les anciens fermiers vivant
de leurs rentes y abondent, et le nombre comme l'aspect de leurs constructions, dans les centres où ils se
retirent, accusent l'aisance et même la fortune qu'ils
ont tirée de l'exploitation des terres à céréales. Mais
cette culture elle-même, la région de Lille exceptée, subit une grave évolution dans les pays du Nord
proprement dit, par l'abandon graduel de la betterave
à sucre et même de la betterave à distillerie. Les terres se transforment peu à peu en herbage. L'herbage serait donc une exploitation préférable? il le faut
penser, et si la diversité des raisons qui inspirent cultivateurs et propriétaires ne légitimait en soi leurs réso-

lutions, le nombre toujours croissant des concurrents aux exploitations vacantes suffirait à démontrer la hausse des fermages. Prospérité, disons-nous; c'est qu'en effet, les bonnes années se sont multipliées dans ces derniers temps; le bétail se vend cher et facilement, et toutes les denrées aussi.

Dans quelle proportion a agi la hausse des fermages, c'est ce qu'il serait assurément précieux d'élucider. Un peu de réflexion conduit à reconnaître l'aridité du problème. Le taux d'un fermage dépend de la qualité du sol, des difficultés d'exploitation, du voisinage des centres, des facilités de communication, etc... Dans l'herbage et les céréales la valeur locative varie de 100 % (1). On sait d'ailleurs quelles difficultés soulèvent ces calculs pour la recherche du revenu cadastral.

II

Il ne faut rien se dissimuler ici; la main-d'œuvre a exercé sur la hausse des denrées une pression continue depuis 1870 ; son action persistera, et il est malaisé d'entrevoir jusque quand. Cette influence s'exerce d'abord sur le taux des salaires, dominé déjà par la poussée générale, qui ne pouvait épargner l'agri-

(1) Qu'on en juge. Pour les terres labourables, les fermages dans la partie ouest du département du Nord varient de 100 francs à 200 francs l'hectare. Pour l'herbage, les chiffres y oscillent entre 120 et 300 francs !

culture, et beaucoup aussi par le dépeuplement des campagnes, dont le résultat immédiat est de raréfier les bras. Or, si, dans l'industrie, le salaire est d'ordinaire un coefficient relativement modéré dans le prix de revient, il agit avec autrement d'intensité sur le budget du cultivateur. Puis, l'ouvrier agricole veut aujourd'hui plus de confortable et plus de sécurité. Enfin, travaillé sans cesse par de malfaisantes inspirations, politiques ou sociales, il fournit à son maître un rendement de travail sensiblement inférieur à celui des temps passés. On conviendra sans peine de l'action puissante de ces deux éléments sur le prix de revient.

III

Le producteur n'est pas au bout. Il lui faut pourvoir à l'entretien des bâtiments et surtout à celui du matériel; charron, maréchal et bourrelier ont haussé leurs prix; des machines, désormais inévitables par la méthode nouvelle d'exploitation et plus encore par la raréfaction des aides, appellent un amortissement et un entretien minutieux et coûteux.

Influence du confort moderne

Si nous jetions un regard sur l'esprit actuel de la campagne?

Le cultivateur avait jadis des goûts modestes;

il était économe autant que frugal. Notre cultivateur d'aujourd'hui, dont on a éveillé l'appétit des honneurs municipaux — à ne parler que de ceux-là, — a d'autres ambitions. Il envoie ses enfants en pension, parce qu'il leur veut des connaissances en botanique, astronomie, chimie, ou la fréquentation des classiques ; sa femme a sa couturière en ville ; lui se contente de suivre assidûment le marché hebdomadaire du chef-lieu, et tous deux jugent qu'on ne saurait vivre sans un minimum de confortable bourgeois. Tout cela n'est pas contredit par les principes de 89, mais a sa répercussion sur le prix des denrées.

Ce n'est pas au consommateur qu'il appartient de blâmer ces vues ; lui aussi s'est créé plus de besoins, et il n'est pas nécessaire de recourir à Turgot pour admettre que la multiplicité des acheteurs, et par surcroît leurs goûts s'affinant, favorise l'âpreté des détenteurs et contribuent à la hausse des prix. Voici bien autre chose. Les bouchers à l'unaminité vous diront que les ouvriers ne veulent plus des bas morceaux ; d'autre part, nos travailleurs sont fort jaloux du principe d'égalité, et quoiqu'il ne manque pas de succédanés dans les graisses, c'est au beurre qu'ils entendent se tenir. Rien de tout cela n'est défendu ; mais des influences en résultent, qu'il serait honnête aux grands dirigeants du peuple de lui faire connaî-tre, plutôt que de le convier à des ententes de prix notoirement chimériques.

Influence de l'organisation du commerce

On s'est depuis longtemps demandé si notre commerce, quant aux denrées alimentaires surtout, répond à une organisation rationnelle. Le problème ne rentre pas dans le cadre direct de cette étude. De nombreuses critiques ont été émises; n'importe leur valeur, elles aboutiront de longtemps à des améliorations sérieuses. On ne réforme pas aisément des traditions commerciales, qui ont pour elles des avantages indéniables et la justification de l'expérience ; et puis en France, on garde volontiers ses vieilles habitudes en tous points.

Une des critiques les plus renouvelées touche au nombre excessif des intermédiaires; certains mêmes conclueraient volontiers à leur suppression. C'est bientôt dit.

Sur leur utilité, il n'y a jamais eu de discussion. L'intermédiaire répond à une des divisions les plus précieuses du travail. Qu'il s'agisse d'un produit industriel ou d'une denrée alimentaire, l'entremise s'impose entre le détenteur initial et le consommateur. Ce sont les intermédiaires qui approvisionnent le marché; en aucun temps, dans aucun pays, on n'a pu s'en passer. Mais il est juste de reconnaître que, dans le commerce de détail, l'excès du nombre conduit à une augmentation des prix. Tout détaillant est grevé de frais généraux, dont chaque élément ne peut descendre au-dessous d'un certain minimum, tels sont : le loyer, les aides, le matériel roulant et les charges fiscales, et nous négligeons le crédit, puis le déchet sur les produits en souffrance. Dès que le nombre utile s'exagère, la consommation locale, asservie la plupart du temps à des achats sur place, supporte inévitablement les dépenses en excès. Ces observations n'échappent pas à un esprit tant soit peu réfléchi. Écoutons par exemple M. Lépine, le préfet de police, parlant au récent congrès des bouchers : « Une des causes de la hausse de la viande « est peut-être le luxe des intermédiaires que nous « possédons. Il y a les commissionnaires aux Halles, « les sous-traitants, les rabatteurs ; derrière eux, il « y a le regrat. Si donc la viande est chère, la faute « est à ce luxe d'intermédiaires ».

On a surtout critiqué la spéculation, et c'est, plus que tout autre, le parti socialiste qui s'est montré âpre à cet égard.

La spéculation est comme la langue du fabuliste grec, ce qu'il y a de pis et de meilleur ; disons avec les modernes, ce qu'il y a de plus précieux et de plus malfaisant. C'est la spéculation qui va au delà des mers découvrir le produit brut, l'approprie aux besoins du public, dans la mesure où ils se révèlent et suivant les exigences des lieux, du temps et des consommateurs ; c'est elle qui, par une judicieuse répartition, égalise les approvisionnements et nivelle les prix; elle le fait à ses risques. Les disettes ont disparu des États civilisés par les bienfaisants effets de la spéculation. Est-ce à dire qu'elle ne conduise pas à de redoutables écarts? personne n'y contredit. Les institutions, publiques ou privées, les plus honorables, les plus robustes et les plus sages, sont parfois tombées dans les pires excès. Sans insister davantage sur un problème des plus agités de l'économie politique et même de la sociologie, il faut reconnaître à la spéculation une influence sinon toujours heureuse, du moins grandement régulatrice, et certes, après les prodigieux bonds qu'ont fait l'industrie et le commerce universels depuis un siècle, il n'y a pas d'esprit indépendant et clairvoyant pour censurer la spéculation en général.

Du développement de l'industrie

Dans un diagramme qui fixerait, pour les denrées alimentaires, la comparaison des prix au début du XIXe siècle, entre un pays absolument agricole, tel la France, et quelqu'autre absorbé dans l'industrie, tel l'Angleterre, les courbes accuseraient un singulier contraste. Là, en effet, où les mœurs champêtres gardent l'homme contre l'ambition, les plaisirs ou l'ostentation, sa vie s'écoule dans le calme, la simplicité et la frugalité. La France était restée assez fidèle

à ces traditions patriarcales jusqu'à l'établissement
des chemins de fer; à part quelques régions, notre territoire s'est alors franchement ouvert à l'industrie
commerciale. S'il ne faut rien outrer, on peut dire
qu'il tient maintenant une place fort honorable dans
le monde.

Cet état de choses appelait des conséquences. La
vie est devenue plus large ; la fortune publique, en
croissant, s'est distribuée partout et sous toutes les
formes. La bourgeoisie s'est enrichie; les salaires
ont apporté à la classe ouvrière plus d'aisance. De
toutes parts, les besoins sont donc devenus plus
nombreux, plus impérieux et plus variés. Voilà, dans
les causes d'ordre permanent, celles qui ont dominé dans le renchérissement de la vie. Si l'incessante préoccupation de restreindre ce travail ne nous
l'interdisait, des tableaux, aussi instructifs que pro-
bants, justifieraient la corrélation d'entre le taux des
profits et le prix des denrées alimentaires, la progression étant constante sur le premier point et parfois suspendue pour le second (1). L'influence du
développement industriel sur l'augmentation des
prix en général, et sur les denrées alimentaires en
particulier, a été aussi universelle qu'active; aucune
divergence n'existant à cet égard, nous n'avons pas
à insister.

(1) L'établissement d'un Office national du Travail, en 1891, a
doté la France d'une organe d'information de tout premier ordre.

Influence de la restriction
dans les échanges internationaux

Les droits de douane

I

C'est une bien grande inquiétude qu'éprouvait la culture il y a 30 ans. Nos marchés allaient être submergés par les blés américains, ceux de l'Inde et de l'Australie; les blés russes n'étaient donc pas assez menaçants déjà? Le tarif de 1883 donna une première satisfaction aux agriculteurs, en édictant un droit d'entrée de 3 francs par quintal de blé, bientôt porté à 5 francs par la loi du 23 mars 1884. Mais en 1894, les plaintes devenant plus vives, la taxe fut portée à 7 francs par une loi du 28 février. Ces plaintes étaient exagérées, comme on peut le voir par les tableaux suivants. Elles ne l'étaient pas à l'origine; elle l'ont été encore moins dans la suite.

		Importation en 1.000 quintaux métriques			
Production de la France		États-Unis	Russie	Australie	Indes Anglaises
1885 ...	87.000	1.490	1.856	383	787
1894 ...	93.000	10.062	5.003	41	367
1897 ...	65.900	1.854	1.874	»	»
1907 ...	103.300	66	753	18	7
1908 ...	86.000	3	28	»	»
1909 ... (1)	97.000	2	24	»	»

(1) Les indications des 3 dernières années sont extraites du tableau de l'administration des douanes et reproduites par la statistique du ministère de l'Agriculture de 1909, pp. 104, 164 et 165.

Les producteurs de froment réclamaient des droits quand ils croyaient le prix des céréales menacé; on leur a sacrifié le consommateur; les prix ont monté, on n'a pas réduit les droits, et le consommateur s'est trouvé sacrifié encore.

La situation a bien changé, puisque le tableau précédent accuse une énorme décroissance dans les importations.

Elle a changé à un autre point de vue; consultons l'échelle du rendement par hectare : (1)

Années	En hectolitres	En quintaux
1891–1890 moyenne décen.	15.65	11.74
1891–1895 — quinquen.	15.83	11.87
1900	16.71	12.91
1905	18.16	14 »
1906	17.57	13.72
1907	20.20	15.77
1908	17.06	13.73
1909	19.03	14.81

Nous renvoyons le lecteur, avant d'aller plus loin, au tableau des prix moyens pour la France, que nous avons dressé page 99 pour le blé, la farine et le pain, et qui, pour l'ordre d'idée où nous sommes, complète la nomenclature précédente.

Les tableaux ci-dessus inspirent de nombreuses observations statistiques; nous en retiendrons deux. D'abord le rendement à l'hectare s'est accru depuis

(1) Ces éléments annuels sont tirés également de la |statistique annuelle du ministère de l'Agriculture de 1909, p. 104.

1880 très sensiblement. Notre population n'augmente pas ; les moyens de culture se perfectionnent ; sous peu la France se suffira, la consommation personnelle dût-elle augmenter avec plus de bien-être. Pour les prix, si l'on compare la période de 1880-1902 à celle de 1903-1909, l'impression est bien autrement vive ; ils ont monté de 25 %. Ainsi, progression dans le rendement à l'unité, et stabilisation des hauts prix dans ces dernières années.

Il serait déjà permis, sur de tels résultats, de se demander si la culture du blé a besoin encore de protection aujourd'hui. Mais si les masses populaires voulaient bien protester contre la vie chère, avec le calme et la dignité qu'imposent aux citoyens l'état d'homme libre dans un pays libre, elles auraient pour justifier leurs doléances, une comparaison non moins topique que les précédentes.

Voyons comment se comporte le prix du blé dans les pays où l'entrée est libre.

Prix moyen de chaque année

Années	Paris (1)	Londres (2)	Belgique (3)	Rotter-dam (4)	Vienne (2)
1900	19.08	16.56	16.25	16.70	16.20
1905	22.86	18.90	17.63	18.16	19.60
1906	22.83	18.03	16.98	17.10	17.60
1907	23.26	18.47	18.69	20.70	16.30
1908	22.90	19.98	19.52	20.70	» »
1909	23.60	23.31	22.15	23.60	» »
1910	26.24	19.37	19.71	19.60	» »

(1) Ces prix ont été extraits de la statistique du ministère de

La charge du consommateur se définit par la différence entre les prix pratiqués en France et ceux pratiqués sur les divers marchés étrangers ci-contre.

Après la lecture des tableaux ci-dessus, il faut affirmer résolument que la protection est devenue aussi abusive pour le consommateur que superflue pour le producteur.

II

Après le blé, la viande est le facteur le plus indispensable à l'alimentation. Tout ce qui influence son prix appelle l'attention autant des sociologues que de l'économiste. La vigueur de ses sujets n'est pas moins nécessaire à la prospérité d'une nation que ne l'est la pondération de leurs facultés. Des sauvages s'entretiennent par une vie végétative; partout où l'homme est soumis aux rudes épreuves du labeur quotidien, la consommation de la viande répond à un im-

l'agriculture p. 130, sauf 1910, dont le prix est tiré du cours moyen de la Bourse de commerce de Paris.

(2) Cours moyens relevés par l'auteur sur le bulletin hebdomadaire du Journal officiel. Ces cours sont fournis par nos consuls à l'étranger.

(3) Ces prix représentent la moyenne des marchés régulateurs de la Belgique et ont été fournis à l'auteur par le *Moniteur des intérêts matériels.*

(4) Prix recueillis par l'auteur du 'Consulat général de France à Rotterdam.

périeux besoin d'existence. Toutefois, la question du bétail, comme celle du blé, est liée aussi aux intérêts les plus graves de l'agriculture. A la vérité, l'industrie a, durant le XIXe siècle, pris chez nous une telle amplitude que, soit par ses profits, soit par ses immobilisations, la fortune industrielle tend à acquérir une prépondérance sur la fortune agricole ; cependant, et malgré la désertion de ses campagnes, la France restera, longtemps encore, un grand pays de culture. Consolons-nous en songeant que cette désertion est moins sensible chez nous qu'en Allemagne, en Angleterre et aux États-Unis.

On a donc pensé qu'il fallait protéger nos cultivateurs contre l'avilissement des prix dont le bétail était menacé. Voyons comment on y a pourvu :

De 1853 à 1873 les prix du bétail avaient monté ; par exemple, le bœuf, de 0.97 le kilo à Paris, était passé à 1.62 ; mais en 1884 une baisse se manifestait, et quoique les importations fussent en diminution, la campagne protectionniste aboutit par la loi du 5 avril 1887, à un relèvement de droits. La situation actuelle a été fixée par les tarifs des 11 janvier 1892 et 21 juillet 1903 (le dernier qualifié parfois de loi Debussy).

Mais le Parlement ne borna pas là son effort. Sous prétexte d'hygiène, il décida, par cette même loi de 1903, que le contrôle des viandes abattues s'exercerait sur la fressure (1), et qu'en outre les importateurs devraient présenter des animaux complets, soit entiers, soit découpés par moitié ou par quartier. Le rapporteur de la loi, M. Debussy, n'avait pas hésité à caractériser ces dispositions : elles avaient pour but de décourager l'importation (2).

Voici les droits en vigueur, qui ont été confirmés par le tarif de 1910 :

	Bœuf	Vache	Veau	Mouton	Porc
Tarif général, par 100 kilos.	30	30	40	40	25
Tarif minimum —	20	20	25	25	15

Ces droits ont, sans aucun doute, ralenti l'importation comme il résulte des chiffres suivants :

Importation des bovidés (3)

(Commerce spécial)

1880.......	196.000		1886.......	154.000
1881.......	150.000		1887.......	97.000
1882.......	194.000		1890.......	99.000
1883.......	215.000		1893.......	20.000
1884.......	176.000		1896.......	81.000
1885.......	152.000			

N. B. — On a négligé les importations de la zone franche, puis celles d'Algérie et Tunisie, ces dernières fort importantes dans les bœufs, et prépondérantes dans les moutons.

(1) La fressure s'entend de l'ensemble des gros viscères d'un animal.

(2) Voir les travaux préparatoires de la loi.

(3) Statistique du ministère de l'Agriculture pour 1909, pp. 158 et s.

L'Allemagne a été sage ; la hausse sévissait chez elle ; elle a dégrevé le bétail à l'entrée. L'accroissement de sa population doit nous résigner à subir des incursions désormais constantes sur nos marchés. La Belgique, l'Angleterre reçoivent le bétail en franchise ; l'Italie de même, par son tarif conventionnel. La stagnation de la population française, l'extension de l'herbage sur tous les points du territoire feront d'elle, peu à peu, une sorte d'entrepôt pour l'étranger. Veut-on s'en convaincre par des chiffres ?

Exportation du bétail de France à l'étranger (1)

(Commerce spécial)

La zone franche exceptée

[[Par tête	bœufs	vaches	veaux	moutons	porcs
Année 1907	19.488	14.977	3.202	35.914	17.132
— 1908	23.347	11.866	3.754	36.771	4.214
— 1909	20.413	6.560	11.042	33.822	64.110

Comparons ces chiffres avec les importations dans les trois dernières années (2).

(Commerce spécial)

Par tête	bœufs	vaches	veaux	moutons	porcs
Année 1907	83	1.529	1.434	13.844	388.033
— 1908	89	1.888	5.1904	6.136	243.191
— 1909	570	3.017	2.480	91.361	12.687

(3)

En accédant aux doléances des agriculteurs, pour

(1) Même référence, p. 130 et s.|

(2) Même référence p. 18 et s,

(3) La presque totalité des porcs provient de la Hollande.

le bétail comme pour le blé, on avait sacrifié l'intérêt
du consommateur. Le cadre de ce travail ne nous permet pas d'insister plus complètement sur l'étude des
systèmes douaniers; mais il ne faut plus hésiter à le
crier bien haut : la protection, ici encore, a dépassé la
mesure. On a frappé de droits lourds le bétail étranger pour en décourager l'introduction, et voilà qu'aujourd'hui c'est des achats de l'étranger que nous souf-
frons ! Protégez nos marchés contre l'exportation;
frappez de droits les bestiaux à la sortie! telles sont les
protestations qu'on entendait retentir dans les agitations récentes. Paroles de démagogues, dira-t-on;
c'est le cri du peuple simpliste qui s'attache aux résultats. Prenons-y garde, le peuple nous apprend tous les
jours qu'il faut compter avec lui. Les économistes,
qui fondent leur opinion sur des faits pensent, et les
gens qui gardent leur indépendance, ou dont le bon
sens n'est pas troublé par une politique aveuglément
terrienne, penseront avec eux, que si notre bétail est
maintenant enlevé par l'étranger, c'est qu'il peut doré-
navant se passer de protection. Il faut donc ne pas
cesser de le redire à outrance : les prix du jour sont
artificiels dans la mesure où jouent les droits d'entrée;
et tout ce qui est perçu par la douane est une sorte
d'impôt que l'agriculteur perçoit sur le dos du consommateur.

Ce n'est pas le vendeur de bétail gras qui seul jouit
de cette protection abusive; nous allons voir la pro-

tection agricole se retourner contre les agriculteurs. Jadis le bétail maigre était acheté à bon compte : Hollande, Belgique, Suisse et même l'Italie nous envoyaient de jeunes bêtes. Les droits de douane ont tari ces achats, et les prix chers se sont nivelés en Normandie, en Bretagne, dans le Nivernais et la Franche-Comté, pays d'élevage, au grand préjudice des acheteurs opérant pour l'engraissement. Aux moindres troubles climatériques, ou si les cours de vente, pour d'autres motifs, sont contraires à ces derniers, la marge entre l'achat du maigre et la vente du gras écourte leur profit.

Il n'y a plus de doute sur ce que nous avons émis; les dangers d'importation pour notre bétail ont disparu. Aussi est-ce un droit contre l'exportation qu'on réclame aujourd'hui. Une thèse aussi audacieuse n'a plus été soutenue par aucun esprit sérieux depuis la suppression de l'échelle mobile en 1853, consacrée définitivement en 1861. Le parti socialiste seul s'en est fait l'écho; ce n'est pas assez. Les droits à l'exportation dans les pays réguliers sont morts pour longtemps. Au surplus, qui n'entrevoit les représailles dont une semblable politique serait immédiatement le prix ?

Les charges publiques et l'interventionisme

Nous n'avons pas dit charges fiscales. Nos charges publiques sont multiples et fort lourdes. On a beaucoup parlé de l'héritage que la guerre nous avait imposé; la paix n'a guère été profitable à nos finances. Le Parlement est comme un fils de famille inconscient de ses prodigalités; il semble à nos élus que la fortune publique soit inépuisable. Notre dette est colossale; elle croit sans cesse et d'une manière tristement persévérante, quoique notre population tende à diminuer. Depuis une douzaine d'années, et sans que le coûteux accroissement de nos forces militaires ait comporté un appel au crédit, elle s'est accrue de six milliards. Nos budgets se soldent, pour chacun des trois ou quatre derniers exercices, par des déficits de 2 à 300 millions et plus; les prévisions les plus autorisées nous en ménagent autant pour une longue période encore. Une politique décevante semble conspirer l'écrasement des forces vives du pays. Jamais les surenchères électorales ne se sont faites plus ardentes ni plus audacieuses, et tout à la fois n'ont été aussi docilement satisfaites par les pouvoirs publics. L'exploitation par l'État d'un énorme réseau ferré, le jeu à outrance des retraites ouvrières, l'assistance aux vieillards, les pensions militaires et civiles sans cesse en augmentation, enfin des dépenses toujours nouvelles après les discussions budgétaires : telle est notre politique financière, sorte d'orgie parlementaire où l'on met nos budgets au pillage.

Comment les alimenter? On est tombé dans une

fiscalité furieuse. Aucune nation dans le monde n'est aussi grevée que la nôtre. Pas un élément, ni dans la richesse en formation, ni dans la richesse acquise qui ne tombe sous l'impôt ; les valeurs de bourse paient 15 %, les terrains boisés jusqu'à 40 % du revenu ; les droits de succession se tiennent couramment de 15 à 22 %, et pourraient aller jusqu'à 34 si l'on adoptait le récent projet du gouvernement. Un système d'inquisition a été organisé par les lois de 1902 et suivantes, pour traquer en quelque sorte la matière imposable chez des dépositaires jadis couverts par le secret professionnel ; la délation est devenue obligatoire. Ajoutons un interventionnisme toujours plus envahissant ; des lois restrictives de la liberté industrielle, par exemple la réduction des heures de travail, le repos hebdomadaire, le zèle tracassier des inspecteurs. Hors-d'œuvre que tout cela, va-t-on dire ; il faut le rappeller hardiment, tout facteur, dans l'ordre politique ou social, qui tend à déprimer l'effort individuel, et surtout à inquiéter les capitaux, est une lésion profonde à la prospérité publique et conduit la nation à l'atonie.

Nous sommes par là ramené à l'objet direct de cette étude. Les charges publiques grèvent les choses ou les personnes. Il devient par là évident que la vie courante s'est renchérie dans la mesure dont sévit sur elle le fardeau de nos dépenses. Malheureusement, ce n'est pas l'État seul qui allonge ses tentacules ; le département et les communes ont leurs exigences : centimes additionnels, taxes et surtaxes d'octroi, droits de places aux halles et marchés, etc. Tout cela est plus imposant que coûteux, diront certains politiciens. Les parties payantes ne sont pas de leur avis, quoique ce ne soient pas toujours elles qui supportent la charge. Il est acquis depuis longtemps, en économie politique, que les taxes publiques ne sont qu'une avance par l'intermédiaire : fabricant, marchand de gros ou détaillant ; l'incidence, pour nous servir de l'expression courante, s'exerce finalement sur le consommateur. L'augmentation la plus modeste réagit donc sur le prix de détail ; c'est une remarque que font à tout instant nos ménagères. Disons en passant, et l'observation est intéressante pour les classes laborieuses, que des autorités considérables, entr'autres M. Paul Leroy-Beaulieu, réclament depuis longtemps la création du demi-sou, pour résister à l'âpreté des détaillants, toujours heureux quand un infime accroissement dans le prix de revient leur permet d'exiger la pièce entière.

CHAPITRE III

CARACTÈRE DE LA HAUSSE DANS LE PRIX
DES PRINCIPALES
DENRÉES ALIMENTAIRES

La hausse actuelle dans le prix des denrées alimentaires répond-elle à des causes permanentes ; est-elle au contraire temporaire ?

Problème complexe et bien délicat.

D'abord, il faut préciser ce qu'on entend par une cause temporaire.

Les denrées alimentaires ne subissent pas nécessairement l'action soudaine et violente de la spéculation, hormis les produits cotés dans les Bourses de commerce, dont, il est vrai, le blé fait partie ; mais le blé lui-même n'est point à la merci des spéculateurs. Les produits du sol ont des régulateurs plus élevés ; ce sont les agents naturels et les grandes lois économiques. Or, si ces dernières, quoiqu'en principe leur influence se distribue peu à peu, sont susceptibles d'exercer une action proche, à l'inverse, des éléments d'ordre naturel s'ils sont puissants, peuvent agir sur les cours durant plusieurs années. Ainsi, des causes d'ordre permanent peuvent être promptes dans leur manifestation, tels les droits de douane, ou une réglementation nouvelle du travail; et au contraire, des causes temporaires en soi feront long-temps encore sentir leur influence, telles la guerre, ou, à un degré moins grave, les inondations, les ma-ladies des plantes et celles du bétail. Après ces obser-vations, on comprendra que la qualification de perma-nentes ou de temporaires aux causes de la hausse, ne soit guère qu'une terminologie appropriée à la com-modité du langage.

Des causes permanentes

Nous avons, dans le chapitre précédent, signalé, en dehors des influences indirectes ou éloignées, qui appartiennent à l'étude des produits de toutes sortes, les causes qui agissent spécialement sur les denrées alimentaires, et encore avons-nous dû nous tenir aux principales. Nous n'y reviendrons que pour en fixer la portée.

Si le lecteur veut bien prendre la peine d'y recourir, il remarquera que ces causes spéciales ont un caractère commun de stabilité favorable à la hausse des prix. Persisteront-elles? Les temps ne sont pas à l'affran-chissement du travail, à l'apaisement des luttes ouvrières, encore moins à la sécurité des capitaux; d'une façon générale, l'harmonie des forces économiques est troublée profondément. D'abondantes récoltes abaisseront sans doute les cours actuels; mais il serait imprudent, toutes choses étant égales, d'entrevoir un arrêt dans la hausse, et surtout d'espérer un sérieux mouvement de baisse; nous croyons au contraire que la hausse persistera, et plus ou moins sensible, suivant les contingences. Des malandrins sociaux, se jouant des réalités comme des lois, mettent cet état de choses au compte des bourgeois; il est vrai que, quand viendra — si elle vient — la grande liquidation, ceux-ci pourront se demander ce qu'ils ont fait pour corriger les illusions du peuple.

Nous savons que la hausse répond à des causes permanentes; voyons si d'autres facteurs ne sont pas susceptibles de troubler l'harmonie des prix, par une action immédiate et souvent violente.

Des causes temporaires

Quels facteurs de hausse sont temporaires?

En dehors des événements d'ordre politique et de la spéculation, ce sont assurément les éléments naturels. Ces derniers agissent différemment. Par exemple, la grêle, atteignant d'étroites régions, n'a pas d'effet sur les cours. Les inondations ont plus de portée; à moins de passer à l'état de fléau public, elles restent de même sans action appréciable sur nos marchés. Ce sont les maladies des plantes et du bétail, et surtout les influences climatériques qui jouent vraiment sur le prix des produits agricoles.

L'année 1910 avait souffert d'une très exceptionnelle humidité. La production du blé est tombée à 68.845.000 quintaux(1), sur une moyenne de 91.100.000 quintaux pour la période décennale antérieure à 1909. Les prix du blé devaient s'en ressentir; ils ont atteint le cours moyen de 26 fr. 25 sur le marché de Paris, et de 24 fr. 99 sur les marchés de province, alors que les taux moyens avaient été respectivement de 24 fr. 99 et 23 fr. 52 pour l'année précédente. La campagne 1911 n'a pas été moins éprouvée à d'autres points de vue; mais la récolte du blé à été bonne, puisqu'elle a donné 87 millions de quintaux; à peu de chose près la moyenne décennale.

Malheureusement la sécheresse prolongée a jeté l'alimentation publique — en dehors des maladies du bétail, que nous rencontrerons plus loin — dans un cruel désarroi. Entre la fin de juin et le 20 septembre, la plus grande partie de notre territoire a été privée de pluie. Si nous disons que les céréales n'ont pas souffert, en retour le rendement en pailles a été nul; les prairies soit artificielles, soit naturelles, sont demeu-

(1) M. Alfred Picard l'évalue à 73 millions (*Supra*, p. 108).

rées stériles. On sent par là quelle pénurie en devait résulter déjà pour la nourriture des animaux dans les seuls pays à céréales. Bien plus pénible pourtant a été, et reste, la condition des herbagers. Lorsque des manifestants pourchassaient les cultivateurs, n'était-ce point au mépris de l'équité la plus vulgaire? Les fosses d'alimentation eurent vite tari sous les ardentes chaleurs de juillet, et bientôt après ce furent les citernes et les puits eux-mêmes; nulle autre ressource pour alimenter le bétail que de charrier souvent de fort loin l'eau des rivières. La nécessité d'un personnel complémentaire s'imposait; mais la question n'était pas résolue par un surcroît de dépenses de toutes sortes La production du lait, celle du beurre, ne pouvaient survivre à la nudité des pâturages. Les œufs aussi ne se montraient plus; la sécheresse tarissait la ponte. Néanmoins les agitateurs, et, ce qu'il y a de déplorable à relever, d'aveugles ou imprudentes municipalités n'ont pas craint, celles-ci de soumettre producteurs et intermédiaires à des prix maxima, les autres d'exercer une pression violente, pour leur arracher un concours à de ruineuses ententes.

D'inquiétantes épreuves étaient encore réservées à la culture en général. Puisque les fourrages et les nombreuses variétés de nourriture ne devaient pas tarder à manquer, il ne lui restait plus qu'à recourir à des succédanés : tourteaux, maïs, issues, etc., dont, par une consommation absorbante et inattendue, les prix ont monté nécessairement (1).

Voilà le bilan de la sécheresse.

La sécheresse n'a d'autre résultat qu'un déficit dans le rendement; les maladies épizootiques sont, avec la grêle et les inondations, le fléau le plus décourageant qui puisse frapper l'agriculteur. A leur apparition, tout repos lui est interdit; de jour et de nuit, une anxiété cruelle l'agite; sa vigilance est sollicitée de tous côtés ; partout et sans cesse, il doit pourvoir à des soins minutieux, répugnants et quelquefois dangereux. Peu de campagnes ont laissé autant de désastres que celle de 1911, soit par la multiplicité des régions atteintes, soit par la diversité et le genre des maladies du bétail contaminé, soit enfin par l'intensité du fléau. On est généralement persuadé dans la région du Nord que la fièvre aphteuse seule a éprouvé l'agriculture française. Qui voit son mal ne voit pas celui des autres. D'autres contrées ont souffert aussi. La *stomatose* a sévi sur les moutons (2); la disette aggravant le mal, des troupeaux, dans les régions de pacage, ont été décimés. La *cachexie aqueuse* (3) n'a pas été moins ruineuse ailleurs.

(1) La douceur de l'hiver est bien heureusement venue atténuer les diverses épreuves des agriculteurs

(2) Inflammation de la bouche.

(3) Autre maladie du mouton occasionnée par un ver qui vit dans le foie; l'animal s'affaiblit rapidement; des tumeurs dans la bouche, entr'autres complications, contrarient l'alimentation et il succombe bientôt de langueur.

Mais la calamité la plus redoutable devait être la *fièvre aphteuse* ou *cocotte* (1). Quiconque habite les pays herbagers n'a pu résister à l'impression douloureuse qu'inspirait l'attitude consternée du pauvre cultivateur, dont le désespoir, un instant calmé par des guérisons conquises à grand peine, renaissait soudain sur la révélation de nouvelles épreuves.

Invitons nos manifestants à entrer chez un de ces cultivateurs, à céréales ou herbager, et livrons-leur l'inventaire que celui-ci va faire de sa détresse. Nous inscrivons pour mémoire les soins que réclament les bêtes atteintes; ce n'est pourtant pas à mépriser, lorsqu'on sait que plusieurs fois par jour l'animal, dont les divers organes sont gercés, visqueux et sanguinolents, réclame des pansements sans cesse renouvelés dans la journée. Sur de telles perspectives, un personnel supplémentaire s'impose, dont la dépense s'accroîtra par les interventions fréquentes du vétérinaire, et l'emploi à outrance de médicaments. Attendons maintenant les résultats de la maladie : la production laitière a cessé; la bête va s'affaiblissant, et son état consomptif persistera de longs mois; l'avortement est à redouter. Ont-ils soupçonné ces pertes, les agitateurs de la rue? Elles ne mar-

(1) La fièvre aphteuse sévit généralement sur l'espèce bovine. Elle se manifeste par des aphtes dans la bouche, entre les onglons et sur le pis. L'animal, après s'être montré triste, devient fiévreux; il cesse de manger; la maigreur s'accentue vite; la vache ne donne plus de lait; des avortements consécutifs sont fréquents. La contagion est si facile que l'isolement d'une bête soupçonnée doit être immédiat.

quaient pourtant pas le terme des sacrifices. Consultons les documents administratifs : 25 à 40 % des animaux contaminés ont succombé. Le beurre à 15 sous, quelle ironie !

Sécheresse et épizootie ont donc agi simultanément pour ravager les troupeaux. De l'avis général, toute bête atteinte perd le quart de son poids vif; le déchet atteindrait même 50 % parfois. Puisque la maladie, même un soupçon de maladie, mettent en interdit les animaux, et que leur maigreur ne saurait être combattue que par une alimentation renforcée, devenue malaisée par la raréfaction des denrées usuelles, ils sont et resteront longtemps impropres à la boucherie. On s'explique ainsi que la viande sur pied n'ait pas baissé à l'automne, moment où, d'ordinaire, les nombreuses réalisations dépriment les cours.

On a vu dans nos observations préliminaires que des causes temporaires peuvent persister durant plusieurs années. C'est ce qui va se produire à un autre point de vue. La perturbation intense dans la vie du bétail a contrarié l'élevage; d'autre part, les bêtes très atteintes demeureront momentanément stériles. Alors à quel prix s'effectuera l'approvisionnement du bétail maigre, nourri cet hiver par de coûteuses denrées ? C'est une amère source de dommage, dont les éleveurs de gras ne seront pas indemnes au printemps, mais dont se soucieront peu les professionnels des agitations futures.

Résumons-nous sur les causes de la hausse.

Nul produit ne subit plus fidèlement la loi de l'incidence que les denrées de la terre. Leurs prix rationnels sont asservis moins à la volonté et aux caprices des hommes qu'aux événements. Les cours actuels sont déplorablement hauts ; le caractère insolite de la hausse ne doit pourtant pas alarmer les gens réfléchis. Dès qu'elle repose sur des causes temporaires, elle persistera, à la vérité, tant que les influences d'où elle est née n'auront pas cessé ; mais, à moins d'un invraisemblable retour aux calamités dont nous avons tant souffert en 1910 et surtout en 1911, on doit conjecturer un notable tassement des prix, que seul pourrait restreindre la difficile alimentation des animaux et la liquidation de la fièvre aphteuse.

CHAPITRE IV

DES REMÈDES SONT-ILS POSSIBLES CONTRE LA VIE CHÈRE ?

Bien des gens sont à leur aise pour trouver des palliatifs à la vie chère. Le peuple, lui, saccage les marchés. Certains de ses conseillers veulent être académiques dans la méthode; ils suppriment la liberté des échanges. Le Gouvernement n'a pas voulu demeurer en reste; il va nous doter de boutiques municipales. La promotion en 1910 de 7.275 chevaliers du Mérite agricole a pourtant de quoi satisfaire bien des ambitions locales.

Laissons les médicastres socialistes et socialisants à leurs panacées. Vraiment, l'observateur attentif est bien sceptique, dans les temps présents, sur l'adoption d'un remède à la hausse des denrées alimentaires. Non point qu'il lui en manque, et qu'il en manque de dignes d'être étudiés; mais il se heurte d'abord à un état d'opinion qu'il sera bien malaisé de modifier. Supposons pourtant le régime de la protection à outrance ébranlé, la situation de nos finances n'est-elle pas un obstacle invincible à des améliorations?

Les écrasantes charges fiscales dont pâtit le commerce, et par suite le consommateur, nous font en France une condition inférieure à tous les pays réguliers, sans exception aucune; l'Italie, qui était jadis notre triste émule à cet égard, est dans un relèvement continu. Or, des allègements sérieux, il en faudrait reporter le quantum sur d'autres parties de la fortune publique; lesquelles? Lorsque s'engagent des discussions et des délibérations sans fin pour asseoir de nouveaux impôts, est-il pratique de songer à une péréquation? Les municipalités ont établi des droits parfois lourds sur les halles et marchés, et l'octroi surtout; ici renaissent des préoccupations de même ordre que pour les impôts de remplacement, si discutés il y a quelques années.

Améliorer l'organisation du commerce serait désirable assurément; mais c'est un remède un peu théorique, avons-nous vu. Tournons-nous, par exemple, vers les intermédiaires; leur fonction répond aux mœurs du pays, et ce n'est pas à coup de lois qu'on modifie les mœurs. Peut-être un dégrèvement sur les tarifs de chemins de fer serait-il à étudier. Il faut être bien circonspect de ce côté, en l'état financier actuel de nos compagnies. Elles viennent d'adopter une mesure bienfaisante pour les colis postaux agricoles; l'inspiration est du meilleur augure pour le commerce de détail, qui y gagne des facilités d'échange plus grandes, et pour le consommateur aussi, dont il encourage les achats directs au lieu de production.

Les projets du Gouvernement

On ne saurait dire que notre Gouvernement ait hâté ses efforts pour la protection des localités atteintes par l'émeute. Nous avons deux ministres, préposés, l'un à l'agriculture, l'autre au commerce, qui ont, en retour, médité la pacification des esprits. « Fondons, encourageons, se sont-ils dit, des boulan- « geries et des boucheries municipales ; les loyers sont « trop chers, autorisons les communes à construire « des habitations ouvrières ; on parle de coopérati- « ves, il sera permis aux communes de leur prêter « de l'argent. Tout cela vous offense-t-il ? Nous nous « contenterons de régies intéressées ». Ainsi parlait M. Couyba, dans un rapport au Conseil du 7 septembre. Il a depuis étendu ses idées jusqu'aux magasins de confection. M. Couyba est poète ; s'il a du bon sens, les récentes agitations lui auront montré qu'un ministre sagace vit de réalités.

La municipalisation des services, comme l'Étatisme, est une brûlante question du jour. La liberté économique, avec des parlementaires ignorants, annihilés par les influences de couloirs ou démoralisés par le servilisme régional, n'est plus qu'une matière de cours pour l'histoire des doctrines. Or, l'interventionisme municipal a eu, dans ces derniers temps, parmi ses plus ardents champions, deux maires : celui d'Elbœuf, qui a ruiné sa ville et s'est suicidé ; l'autre, celui de Denain, qui après avoir fondé une boucherie municipale, a dû donner sa démission, et qui plus est, s'esquiver discrètement pour ne pas assister au sac de sa maison. D'autres essais ont été non moins décevants à Roubaix, Dunkerque et Bergues durant la récente agitation. On ne cesse de nous apprendre que nous avons un Gouvernement d'opinion ; il serait à propos qu'il s'inspirât des vœux émis de tous côtés par les corporations intéressées, et aussi par les chambres de commerce. Le Congrès général de la boucherie, assemblé à la Bourse du commerce le 18 octobre, s'est montré catégorique contre toute ingérence municipale quelconque ; les boulangers de la région du Nord, réunis à Arras, en ont fait autant (1). On est vraiment confondu en voyant ces politiciens, en apparence soucieux des humbles, dérober aux petits commerçants le libre jeu de leurs opérations quotidiennes, dont ils n'avaient jamais été privés par les gouvernements les plus révolutionnaires. Qui, en effet, pourrait résister à la concurrence d'organis-

(1) Dans la séance de la Société d'économie politique du 5 décembre courant, M. le professeur Béchaut, MM. Ambroise Rendu et Duval-Arnould, membres du conseil municipal de Paris, et M. Yves Guyot, tous avec énergie, se sont élevés aussi contre les projets du Gouvernement. (Voir Comptes-rendus dans le *Journal des Economistes* du 15 décembre et *Economiste français* du 23).

mes alimentés par les budgets municipaux, exonérés
de taxes locales, sans capital roulant, agissant avec
des frais généraux modiques et sans risques? Si
c'est la modération des prix qu'on recherche, ce sera
aux dépens des finances municipales, car, s'il y a
un déficit en fin d'exercice, on le comblera par des
impôts nouveaux; les subventions varieront avec le
caprice ou l'opinion dominante des municipalités;
il s'établira des clientèles, par partis politiques; on
fera crédit aux amis, et les bons morceaux seront pour
eux; est-ce de la saine administration, tout cela?
Quiconque observe le petit commerçant, laborieux,
économe, généralement honnête, et toujours en éveil
par l'émulation, admettra sans hésitation que nul
n'est plus propre que lui à satisfaire aux justes soucis du consommateur. Enfin qui ne voit, dans ces
établissements municipaux, un champ de culture
collectiviste pour les illusions populaires, déjà si
exaltées?

Des coopératives privées, à la bonne heure! Ici,
les lois existantes suffisent. Les boulangeries, les
brasseries prospèrent; en retour, les boucheries n'ont
réussi nulle part, sauf à Nîmes. La répugnance des
classes ouvrières aux bas morceaux, la difficulté
du contrôle, le coulage, la rapide corruption par les
chaleurs, conduisent invariablement et vite, ces entreprises à la ruine.

Des facilités d'importation

Faut-il abandonner toute idée de réduction dans le prix des denrées alimentaires?

Les moyens ne manquent pas; c'est leur valeur d'emploi qui fait défaut. Aussi longtemps qu'on médite sur ce problème redoutable, et d'année en année plus cuisant, un seul remède à la vie chère apparaît; c'est la tolérance des importations. Malheureusement nous touchons ici à un ferment de lutte qui surpasse peut-être, par son acuité, nos dissensions politiques; l'explication est aisée : on fait le sacrifice de ses inclinations plutôt que de ses intérêts matériels. En France, où nous nous tiendrons, pour ne pas généraliser, la doctrine protectionniste a ses solides assises dans l'alliance des agrariens avec un puissant parti industriel. On conçoit la résistance que provoquerait une transformation de notre législation douanière. Mais faisons de suite observer que, sous un aspect aussi absolu, la question est mal posée. Nous reconnaissons qu'en l'état actuel des choses, il ne faut pas songer à l'altération du système dans ses bases essentielles. Une campagne très vigoureuse a été entreprise, dans ces derniers temps, en faveur du libre échange; c'est une œuvre de longue haleine, et ses promoteurs, hommes éminents, n'ont pas la naïve illusion de croire qu'ils vont, à courte échéance, infliger à leurs adversaires un Waterloo économique.

Les esprits pratiques ont une ambition limitée;
leurs efforts tendent seulement à réduire le coût des
denrées les plus indispensables à la vie courante.
Mais leurs préoccupations sont de celles qui réclament une attention immédiate et soutenue, car elles
touchent à un élément dominant et vivace de notre
organisation sociale, nous voulons dire les classes laborieuses. La condition de la bourgeoisie invinciblement
fixée sous la Restauration, les censiers de 1819 et
l'oligarchie industrielle de la monarchie de juillet
eurent beau jeu; les uns et les autres ne trouvaient,
pour contredire leurs inlassables exigences douanières, que les rares doctrinaires de la liberté commerciale. L'avènement de la démocratie aurait dû hâter
le succès définitif de ces derniers, puisque la facilité
des échanges est toute au profit des classes populaires. Ce triomphe s'est seulement produit par le coup
d'État économique de 1860; il arrivait un peu tard
pour eux. Par un redoublement d'infortune, et le
fardeau de la guerre y contribuant, on est revenu aux
idées de jadis, sous le néologisme de *politique protectionniste*. La démocratie, formée à l'école de la liberté,
incline d'ensemble aujourd'hui vers une politique res-
trictive, et l'on voit ses apôtres — ou prétendus
tels — parlementaires, journalistes, syndicalistes,
réclamant des barrières à la liberté commerciale,
avec autant plus d'âpreté que, dans la cohue des partis,
ils luttent pour le plus avancé. La tyrannie farouche

des syndicalistes s'est faite — qu'on nous passe le mot — fille de la protection douanière. Mais un moment devait venir où les faits, évoluant d'eux-mêmes, peu à peu, sans l'effort de personne et même contre l'effort des conjurés, trahiraient les excès de la fiscalité douanière. Sur le déclin du Premier Empire, le peuple criait : « A bas les droits réunis ! », et ce fut en partie par leur abolition que la Royauté assura sa soumission. « A bas la vie chère ! », tel est le cri qui a, ces temps derniers, retenti de toutes parts. Il faut que le parti protectionniste ose enfin mesurer les sacrifices que les classes laborieuses vont exiger de lui. Elles ne se méprennent plus sur les causes de la vie chère. Si l'on n'approprie les tarifs douaniers aux revendications croissantes de la démocratie, les partis socialistes demeureront les seuls champions de la vie à bon marché, et si hypocrites que soient leurs promesses, c'est à eux que le peuple tout entier se confiera définitivement.

Nous nous excusons de ce long préambule. Les moyens valent non seulement par leur qualité, mais aussi pour les causes qui les ont inspirées, et surtout par les situations auxquelles ils doivent pourvoir. C'est à ces divers points de vue qu'il nous a paru utile de répondre. Puisque, seules, les facilités d'importation peuvent faire échec à la hausse, voyons comment elles vont se présenter.

Après ce qu'on sait maintenant, il est superflu de répéter que les droits de douane jouent un rôle capital dans la valeur des produits.

Une proposition signée par environ 150 députés fut déposée au cours de l'émeute. Elle tendait à une réduction des droits sur les viandes, vives et abattues; nous en détachons les parties principales.

| | | Bœuf | Vache | Veau | Mouton | Porc | Viande fraîche | | |
							Bœuf et autres	Mouton	Porc
Par 100 kil.	Ancien tarif	30	30	40	40	25	50	50	40
	Projet	10	10	12	15,50	8	25	32	12

N.-B. — Il est important de remarquer que ces taux ne visent au projet de loi que le tarif général.

Les auteurs du projet étaient-ils sincères; il est permis d'en douter, si l'on a remarqué surtout que la proposition néglige le tarif minimum, dont bénéficient les nombreux pays qui nous accordent des avantages corrélatifs. Nos arrondissementiers ont des soucis multiples. L'urgence avait été réclamée dans la séance du 7 novembre; sur une simple observation du ministre, les signataires y ont renoncé. L'urgence ne fut pourtant jamais plus évidente; de courtes délibérations eussent suffi pour connaître au moins les dispositions du Parlement. Il n'a plus été parlé de la proposition. Hâtons-nous de dire que, dans son rapport au Conseil des ministres du 7 septembre, M. Couyba avait protesté contre toute réduction des droits, et le Conseil adopta sa manière de voir. Le Gouvernement ne voulait point heurter l'esprit dominant de la Chambre et du Sénat (1). L'opinion s'est trouvée éclairée par cette attitude. De bons esprits ont demandé que, tout au moins, les droits fussent suspendus. C'est une méthode bien scabreuse que la suspension des droits de douane. Elle jette le désarroi dans les marchés à livraison éloignée, en même temps que l'incertitude dans la conclusion des marchés sur le disponible ; la spéculation y trouve son compte, mais souvent à quel prix pour le négociant prudent et surtout pour le consomma-teur ? L'expérience de la suspension des droits sur les blés a été faite en 1897, sous le ministère même de M. Méline, un des apôtres — père serait désobligeant — du protectionnisme ; elle n'a pas été exemplaire. Seule, une modification définitive peut, en satisfaisant le consommateur, protéger les marchés honorables.

Mais au moins pourquoi maintenir les mesures de la loi du 31 juillet 1903 (loi Debussy) ? On se rappelle que les animaux doivent être introduits complets, et les viscères adhérents (la fressure), et que le carac-tère vexatoire de ces expédients se manifesta à tel point que, du moment où la loi est entrée en application, l'introduction des viandes abattues fut réduite à rien, tandis que, plus ou moins, continuait celle des animaux vivants. On verra tout à l'heure que le Gouverne-

(1) Sur la fin d'Octobre, le Reichstag discuta pendant deux jours l'allègement des droits d'importation sur les produits alimentaires; le Chancelier de l'Empire, soucieux, là aussi, de l'*Agrarienpartei* s'est énergiquement opposé à toute réduction des taxes.

ment a proposé cependant d'en atténuer les rigueurs.

Hâtons-nous de louer le Gouvernement sur un point spécial. Il a autorisé l'importation des porcs hollandais, suspendue durant quelque temps pour des raisons qualifiées de sanitaires, aussi sincèrement sans doute qu'étaient sanitaires celles inspirées par M. Debussy. Un de nos tableaux signale l'énorme décrois-sance des porcs venant de la Hollande savoir : 388.033 en 1907, 243.191 en 1908 et 12.687 en 1909 (1). Toutefois la mesure n'aura pas toute la portée qu'on attendait, car l'importation est réservée à quelques centres populeux. Quoi qu'il en soit, on peut voir maintenant, sur la ligne de Feignies à Paris, circuler tous les jours des trains entiers de ces animaux.

Les viandes coloniales

Voyons si nos approvisionnements ne peuvent être accrus du dehors. Des céréales, il n'y a rien à dire; leur régime est intangible. Mais pour les autres produits, par exemple la viande? Au premier abord, notre interrogation paraît oiseuse, puisque les droits restent en vigueur. Ce serait perdre de vue que le renchérissement de la viande ne vient pas seulement des charges douanières; notre alimentation est entravée déjà par l'insuffisance de la production française;

(1) La décroissance des quantités justifie ce que nous venons de dire sur l'application des mesures soi-disant sanitaires.

qu'après cela surgissent de longues sécheresses ou des épizooties généralisées, on verra la courbe des prix monter à des hauteurs exceptionnelles.

Dès qu'on renonce à l'abaissement des droits de douane sur le bétail vif, il n'y a plus d'autre ressource à nos approvisionnements que les viandes coloniales et celles frigorifiées.

L'importation du bétail colonial a paru à nombre de gens un moyen facile. M. Couyba, dans son rapport déjà visé du 7 septembre, l'a recommandé. Le ministère avait pourtant le moyen de se renseigner; Madagascar nous a, durant l'année dernière, envoyé 12.648 bovidés. Or les constatations ont été invariables : les bêtes ne peuvent résister au transport; dans la masse débarquée, certaines demeurent plus ou moins longtemps malades; celles préservées, par l'effet de la claustration prolongée, des chaleurs tropicales, de la nourriture insuffisante ou mal appropriée, des oscillations des bateaux et enfin l'entassement, arrivent fatiguées, amaigries et en un tel état, qu'elles doivent être régénérées. Des bovidés aussi, et des moutons, ont été expédiés de l'Afrique occidentale (environ 1.500 têtes annuellement), qui ont subi des épreuves semblables. Les spécialistes se montrent de plus en plus réservés sur l'avenir des importations coloniales, du moins en bétail vif.

C'est tout autre chose pour les produits abattus. Madagascar nous a expédié 491 tonnes de viandes salées en 1910; mais, le porc et le poisson exceptés, notre goût, en France, ne se fait pas aux viandes salées.

Les viandes frigorifiques

Il nous faudra résolument en venir aux viandes frigorifiées.

La question des viandes frigorifiées est d'une étude aussi captivante sous l'aspect scientifique, qu'intéressante au point de vue pratique. Ni la science, ni même les très curieuses méthodes de transport, n'entrent toutefois dans le cadre de ce travail. Deux points sont à retenir ici, d'abord les installations, puis le goût national, auquel nous revenons puisque c'est un facteur essentiel de réussite.

Nous sommes traditionalistes, en France, eh ! mon Dieu, pourquoi ne pas l'avouer, un peu routiniers; on l'a dit il y a longtemps, et il est à redouter qu'on doive le penser longtemps encore. Nos voisins les Anglais consomment depuis de longues années des viandes frigorifiées, et l'accroissement de leur consommation est un motif pour supposer qu'ils s'en trouvent bien. Chez nous, c'est avec une pudeur affectée qu'on en parle. Indifféremment, le *businessman* de la Cité, le *workman* des faubourgs savourent une tranche de frigorifié; c'est tout autre chose en France; on verra pourtant des artisans ou de modestes fonctionnairés se chuchoter bientôt l'essai discret qu'en auront fait leurs ménagères; mais notre ouvrier, lui, calé qu'il est sur ses droits de citoyens— plus que sur ses devoirs — continuera d'exiger son bifteck et il le voudra de bonne venue, français et non francisé.

Cette répugnance générale était excusable il y a quelques années; toute viande, à peine sortie des appareils, était déjetée. Les procédés se sont de plus en plus perfectionnés, surtout par des appropriations toujours nouvelles. C'est de France cependant, qu'est partie l'application du froid artificiel; mais, en cela encore, elle a laissé aux autres pays, spécialement à l'Angleterre, le monopole de la frigorification. Pour revenir aux viandes, disons qu'il a été créé, en Australie et dans la Nouvelle-Zélande, des établissements énormes, débitant par année 9 millions de moutons et 2 millions de bœufs, et qui fournissent aujourd'hui une notable contribution aux approvisionnements anglais. L'Allemagne compte 600 frigorifiques, le Danemark 31 dépôts et 70 abattoirs spécialisés. Ce qu'on ignore peut-être, c'est que nous avons, nous, une société frigorifique puissante à Majunga; malheureusement notre législation douanière ne lui offre de débouchés qu'à l'étranger. La Russie a suivi. En Angleterre, la viande de mouton de 1re qualité est débitée à 65 et 75 centimes. Le Mexique, la Californie et le Cap ont des établissements de premier ordre pour les primeurs; les villes du nord aux États-Unis reçoivent

par an pour 100 millions de francs d'oranges et ci-
trons, 60 millions de bananes, 4.000 wagons de fraises,
5.000 de prunes et pêches; l'Angleterre achète au Cap
pour 40 millions de fruits (1).

Qu'a-t-on fait en France?

Il y a longtemps qu'un homme, d'esprit avisé et
progressif, prévoyant autant que dévoué, M. Biart
d'Aunet, notre consul général en Australie durant 25
ans, avait engagé des pourparlers entre les industriels
de la grande île et notre Gouvernement. Son intervention fut accueillie par une dédaigneuse indifférence,
malgré les garanties les plus rigoureuses, à tous points
de vue, qu'offraient les exportateurs (2).

Des installations pour frigorifiques ont été cependant créées à La Villette, à Epinay-sur-Seine et à la
Bourse du Commerce; cette dernière a reçu depuis une
autre affectation. La compagnie de P. L. M. en a aussi
établi un très vaste; la compagnie des Docks de Marseille en a fait autant. Il y a dans tout cela un début;
mais ces établissements divers ne sauraient prospérer
que si nos mœurs s'accomodent des produits nouveaux,
et encore la tarification douanière sur la viande abat-
tue, dont on a vu plus haut les abusives exigences,

(1) Rapport des ministres du Commerce et de l'Agriculture à propos de la vie chère.

(2) Séance de la Société d'économie politique du 5 octobre 1911.
(Voir comptes rendus : *Journal des Economistes* du 15 octobre, p. 130,
et *Economiste français* du 21 octobre).

n'en contrariera-t-elle pas l'expansion ? Le Ministère de l'Agriculture a proposé diverses autres mesures : l'entrepôt fictif pour les viandes frigorifiées, et la création aux frontières d'un service d'inspection sanitaire ; tardif remède à la loi Debussy !

TROISIÈME PARTIE

MORALITÉ DE LA CAMPAGNE

La cherté des subsistances est un juste sujet de
plaintes pour ceux dont elle trouble la vie normale ;
aussi les manifestations organisées par [les ménagères
de Ferrière-la-Grande eussent-elles été à l'abri de toute
critique, si elles ne s'étaient produites sous une forme
violente pour les détaillants des marchés. Ces violences, à la rigueur, n'auraient pas fait grand mal par
elles seules ; d'ailleurs nombre de gens pensaient, avec
quelque raison peut-être, que ces détaillants ont souvent dépassé la mesure, même en leur tenant compte
des exceptionnelles circonstances de l'époque. Mais
les ménagères de Ferrière-la-Grande, leurs voisines, et
aussi leurs congénères partout où des mouvements ont
surgi furent vite éliminées ; et les agitateurs locaux,
qui prétendaient à plus de résultats qu'elles, ont été
eux-mêmes bientôt évincés par le parti révolutionnaire. Le problème de la vie chère ne s'est donc posé
que durant un court moment, et encore faut-il recon-

naître que les ménagères étaient bien mal qualifiées pour s'en faire les champions. La vie chère — ou plutôt ce qu'on est convenu, dans ces derniers temps, d'appeler ainsi par une expression vide de sens — la vie chère, disons-nous, est néanmoins restée un sujet d'étude dans la région du Nord, en France et partout. Ce n'est plus un sujet d'actualité; les prix ont été hauts, ils le seront encore et trop souvent. Résolument, demandons-nous si la vie était chère quand l'agitation a débuté. Peut-être aurons-nous moins de peine, après étude de la question, pour démontrer que la campagne n'avait pas un caractère économique, mais qu'elle a été un pur prétexte au service des partis du désordre.

CHAPITRE PREMIER

La campagne ne pouvait être légitime qu'à une double condition : c'est d'abord que les hauts prix pratiqués au début de l'agitation répondîssent à une situation normale, et ensuite que les cours de l'époque eussent été déterminants pour l'organisation du mouvement protestataire.

Ces deux idées doivent être repoussées.

I

De l'impossibilité d'une baisse des prix

Nous serons bref sur ce premier point. Nous avons exposé, en nous défendant de tomber dans l'économie politique générale, les causes de la hausse, et avec des développements suffisants pour n'y plus revenir. Nous nous sommes attaché à l'indication des causes d'abord permanentes ; à ce seul point de vue, il a bien fallu reconnaître que de très nombreux facteurs concourent à une marche continue vers la hausse. Les classes laborieuses souffrent de cette hausse, à n'en pas douter; mais on a vu qu'elles la doivent beaucoup à une législation qui tend, à tort ou à raison, à améliorer leur condition. Faire rendre davantage à l'impôt tout en exigeant moins du contribuable, est une formule que, seul, Labiche pouvait mettre dans la bouche d'un candidat. L'interventionisme, avec nos déprimantes traditions budgétaires, rendra la vie plus chère encore dans l'avenir. Voilà ce qu'il faut dire et redire, sans cesse et toujours au peuple.

Mais comment ne pas s'indigner, à l'idée d'imposer aux détaillants des prix courants, en l'état où était la culture quand s'est ouverte l'agitation? L'année 1910 n'était pas seule exceptionnelle; à l'extrême humidité de 1910 succédait une extrême sécheresse en 1911. Nous avons fait ressortir les prix différentiels du blé, la nudité des prairies et la raréfaction des nourritures; lait, beurre et œufs n'arrivaient sur les marchés qu'en petites quantités, et néanmoins les besoins demeuraient les mêmes; une hausse était inévitable de ce côté; les pommes de terre, peu abondantes en 1910, et se gâtant, devaient hausser aussi avant la récolte nouvelle. Rappelons enfin les lamentables épreuves qu'imposaient à la culture les épizooties, dont une à elle seule, la fièvre aphteuse, faisait tant de victimes et imposait, outre la stérilisation des bêtes contaminées, des dépenses si lourdes aux exploitants. En vérité, contenir les détaillants dans les prix habituels, c'était de l'exaction à rebours et même de la pure démence.

II

De l'inopportunité du mouvement

L'idée que nous voulons mettre en lumière ici étonnera peut-être bien des lecteurs. Le croirait-on? la plupart des prix contre lesquels a été engagée l'agitation n'étaient point nouveaux, et là où il y a eu hausse, elle était généralement peu importante. Voilà, certes, une proposition hardie. Les tableaux suivants vont pourtant la justifier.

MOUVEMENT DES PRIX 1910-1911

| | BŒUF | | | | VACHE | | | | VEAU | | | | MOUTON | | | | PORC | | | |
| | 1910 | | 1911 | | 1910 | | 1911 | | 1910 | | 1911 | | 1910 | | 1911 | | 1910 | | 1911 | |
	Août	Décembre	Avril	Août	Août	Décembre	Avril	Août	Août	Décembre	Avril	Août	Août	Décembre	Avril	Août	Août	Décembre	Avril	Août
Amiens	1.70	1.80	1.80	1.80	1.70	1.80	1.80	1.80	2.20	2.40	2.40	2.40	2.40	2.50	2.50	2.50	2.00	2.40	2.40	2.40
Arras	1.70	1.80	1.90	1.80	1.50	1.70	1.40	»	2.40	2.50	2.80	2.40	»	»	»	»	2.60	2.50	2.74	2.93
Avesnes	1.80	1.80	1.80	2.00	1.80	1.80	1.80	2.00	2.00	2.00	1.80	2.20	2.60	2.60	2.80	2.80	2.40	2.60	2.60	2.80
Béthune	1.80	1.90	1.90	1.90	1.70	1.80	1.80	1.80	2.40	2.40	2.40	2.50	2.40	2.40	2.50	2.60	2.40	2.40	2.60	2.80
Boulogne	2.20	2.20	2.20	2.20	2.20	2.20	2.20	2.20	2.70	2.70	2.80	2.80	2.70	2.90	3.00	3.00	2.40	2.40	2.60	2.60
Cambrai	2.10	2.10	2.10	2.10	2.00	2.00	2.00	2.00	2.20	2.20	2.20	2.20	2.20	2.20	2.20	2.20	2.00	2.00	2.00	2.00
Charleville	1.60	1.60	1.70	1.80	1.60	1.60	1.70	1.80	2.40	2.40	2.40	2.40	2.50	2.50	2.50	2.50	2.20	2.20	2.20	2.20
Douai	2.20	2.20	2.20	2.35	2.00	2.00	2.10	2.15	2.20	2.20	2.45	2.50	2.30	2.30	2.60	2.50	2.30	2.20	2.30	2.35
Dunkerque	1.85	1.90	1.90	2.60	1.65	1.70	1.70	2.30	2.00	2.00	2.20	2.60	1.95	2.00	2.20	2.60	1.95	1.90	2.00	2.25
Lille	1.60	1.70	1.80	1.75	1.42	1.45	1.60	1.55	2.20	2.00	2.10	2.15	2.15	2.10	2.32	2.35	1.90	1.75	1.97	2.10
Reims	1.80	1.90	1.80	2.00	1.60	1.70	1.80	1.80	2.45	2.50	2.50	2.75	2.50	2.50	2.50	2.50	2.30	2.30	2.50	2.50
Roubaix	2.10	2.10	2.10	2.10	1.80	1.80	2.00	2.00	2.80	2.80	3.00	3.00	2.80	2.80	3.00	3.00	2.40	2.40	2.50	2.50
Valenciennes	2.00	2.00	2.20	2.20	2.00	2.00	2.20	2.20	2.30	2.30	2.30	2.20	2.25	2.25	2.40	2.40	2.60	2.60	2.80	3.00
Maubeuge	1.80	1.80	1.80	1.80	1.80	1.80	1.80	2.00	2.60	2.60	2.60	2.80	3.00	3.00	3.00	3.20	2.60	2.60	2.60	2.90
Fourmies	1.70	1.90	2.00	1.70	1.70	1.90	2.00	1.70	2.00	2.20	1.65	2.05	2.40	2.40	2.60	2.60	2.20	2.20	2.20	2.60

MOUVEMENT DES PRIX 1910-1911

	ŒUFS Le quarteron : 26				BEURRE Le kilo				LAIT				PAIN				POMMES DE TERRE			
	1910		1911		1910		1911		1910		1911		1910		1911		1910		1911	
	Août	Décembre	Avril	Août	Août	Décembre	Avril	Août	Août	Décembre	Avril	Août	Août	Décembre	Avril	Août	Août	Décembre	Avril	Août
Amiens	3.00	4.80	1.70	3.00	2.50	2.50	2.50	2.50	0.20	0.20	0.20	0.25	0.375	0.40	0.40	0.40	15.00	17.00	17·00	15.00
Arras	2.35	3.625	2.20	2.60	2.80	3.10	3.10	3.70	0.30	0.30	0.30	0.30	0.38	0.37	0.35	0.35	»	12.00	13.00	»
Avesnes	4.50	2.50	2.50	2.60	3.40	3.00	3.40	3.60	0.20	0.20	0.20	0.25	0.36	0.30	0.32	0.34	11.00	»	14.00	15.00
Béthune	3.60	3.70	3.75	3.75	3.40	3.60	4.00	4.00	0.30	0.30	0.30	0.30	0.32	0.30	0.32	0.33	13.00	»	14.00	14.00
Boulogne	3.00	6.50	2.60	3.50	3.40	3.50	3.90	3.40	0.30	0.30	0.30	0.30	0.40	0.40	0.40	0.38	10.50	20.00	25.00	25.00
Cambrai	5.20	5.20	2.40	2.40	3.20	3.20	3.20	3.20	»	»	»	»	0.36	0.36	0.37	0.37	14.00	14.00	21.50	14.00
Charleville	2.50	3.75	3.00	3.10	2.50	2.50	2.50	3.40	»	»	»	0.25	0.30	0.36	0.37	0.37	10.00	13.00	21.00	13.00
Douai	4.05	2.60	2.60	3.90	3.00	2.80	3.20	3.60	0.25	0.25	0.25	0.30	0.33	0.38	0.36	0.34	20.00	20.00	20.00	12.00
Dunkerque	2.15	3.00	2.20	3.50	2.90	3.60	2.80	4.40	0.30	0.30	0.30	0.30	0.33	0.33	0.35	0.35	11.00	11.90	11.75	12.00
Lille	»	»	6.25	»	3.60	4.00	4.00	4.20	0.30	0.30	0.30	0.30	0.37	0.32	0.375	0.375	10.50	10.50	13.50	13.50
Reims	2.70	2.60	2.80	3.50	3.00	3.40	3.40	4.00	0.25	0.25	0.25	0.30	0.33	0.35	0.35	0.35	15.00	21.00	22.00	14.25
Roubaix	2.76	4.44	2.64	3.14	3.60	3.70	3.60	4.00	0.225	0.225	0.225	0.225	0.38	0.38	0.38	0.38	12.00	13.00	16.00	9.00
Valenciennes	3.10	5.50	2.60	3.70	3.60	3.60	3.80	3.90	»	»	»	»	»	»	»	»	»	»	»	»
Maubeuge	»	»	2.60	3.50	3.00	3.60	3.20	3.80	»	»	»	»	»	»	»	»	»	»	»	»
Fourmies	2.80	3.50	2.70	2.50	2.80	3.60	3.20	3.40	»	»	»	»	»	»	»	»	»	»	»	»

Observations sur ces tableaux

Puisque notre dessein est de nier l'opportunité de la campagne engagée sur la vie chère, nos observations doivent s'attacher, avant tout, aux centres des régions atteintes par l'émeute; nous les étendrons, s'il y a lieu, aux villes restées indemnes.

Procédons par ordre alphabétique.

Avesnes. — Le bœuf, la vache, le porc, sont en augmentation seulement de 0 fr. 20 sur les prix d'août, décembre 1910 et avril 1911; le veau en augmentation de 0 fr. 20 sur les cours d'août et décembre 1910; le mouton est au même prix en août 1911 qu'en avril; mais ces prix, à 0 fr. 20 près, avaient été pratiqués en janvier et décembre 1910, et même en 1905. — Œufs, les prix ont été dépassés en décembre 1910. — Beurre, prix semblables, à 0 fr. 20 près, en août 1910 et août 1911. — Pommes de terre, mêmes prix, à 1 franc près, en avril.

Bassin du Pas-de-Calais. — Les prix d'août 1911 existaient pour le bœuf et la vache depuis décembre 1910, et, à 0 franc 05 et 0 fr. 10 près, dès janvier 1910; pour le veau, les prix, à 0 fr. 10 près aussi, sont les mêmes depuis la même époque. — Quant au mouton, même observation pour août 1910, et, à 0 fr. 20 près, depuis janvier de la même année. — Porc, prix semblables, à 0 fr. 10 près, en avril 1911 et, à 0 fr. 20 près, en avril et décembre 1910. — Œufs, mêmes prix depuis décembre. — Beurre et pommes de terre, même prix depuis avril.

Charleville. — Les prix du bœuf, de la vache, du veau et du porc, c'est-à-dire de toutes les viandes, ont été égalés et même dépassés soit depuis août 1910, soit même dans les années antérieures.—Les œufs ont monté; encore, faut-il remarquer que les prix d'août 1911 avaient été dépassés en décembre 1910.—Beurre : cet article a passé à 3 fr. 40 sur des prix antérieurs de 2 fr. 50. — Pommes de terre, le prix de 13 francs en août avait été de 21 francs en avril.

Douai. — Le prix du bœuf n'a dépassé en août 1911 que de 0 fr. 15 les cours pratiqués depuis janvier 1910. — La vache est en augmentation de 0 fr. 40 sur avril précédent. — Veau, augmentation bornée à 0 fr. 30 sur les cours de nombreuses années précédentes. — Mouton, à 0 fr. 20 près, les prix sont stables depuis 40 ans, et même ils ont été légèrement dépassés dans cette période. — Porc, mêmes prix aussi depuis janvier 1910. — Œufs, les prix d'août 1911 sont plus élevés de beaucoup que pendant les années antérieures; mais le prix de 3 fr. 90 avait été de 4 fr. 05 en août 1910.—Beurre, même prix en avril 1911, à 0 fr. 40 près. — Pommes de terre, 12 francs en août 1911 contre 16 francs en janvier 1910 et 20 francs en août, décembre 1910 et avril 1911.

Dunkerque. — Augmentation sur le bœuf et la vache en août 1911. — Veau et mouton de même; mais à 0 fr. 20, près, les prix de cette époque avaient été pratiqués de 1872 à 1885. — Porc, augmentation. — Œufs de même. — Beurre forte augmentation. — Pommes de terre, prix bien inférieurs à ceux de la longue période antérieure.

Roubaix. — Les prix du bœuf n'ont pas varié entre janvier 1910 et août 1910. — Vache, mêmes prix, à 0 fr. 20 près, depuis 20 ans. — Veau, même observation depuis décembre 1910. — Mouton, même observation depuis 1905. — Porc, de même encore à partir de décembre 1910. — Œufs, les prix ont été dépassés de 1 franc en décembre 1910. — Beurre, augmentation de 0 fr. 40 depuis août 1910. — Pommes de terre, prix très inférieurs à ceux pratiqués depuis 1872.

Valenciennes. — Bœuf et vache dépassent de 0 fr. 20 les prix de août et décembre 1910. — Veau, prix inférieur à la longue période antérieure, à trois exceptions près. — Mouton, prix d'août 1911 pratiqué déjà en avril et même en décembre 1910. — Porc, augmentation de 0 fr. 40 sur le cours de janvier 1910 et de 0 fr. 20 sur celui d'août suivant. — Œufs, les cours avaient été dépassés en avril. — Beurre, augmentation de 0 fr. 10 seulement sur avril passé.

Maubeuge. — Le prix des viandes était en août 1911, à 0 fr. 20 près pour toutes les variétés, celui d'août, décembre 1910 et avril 1911; les œufs dépassaient de 0 fr. 10 seulement les cours d'août, et le beurre de 0 fr. 10 les cours de décembre.

Fourmies. — Le prix des viandes n'a pas augmenté; il a même diminué depuis août 1910; le beurre et les œufs ont également baissé dans la même période.

Bergues. — Les beurres n'avaient dépassé en août 1911 que de 0 fr. 20 les cours d'octobre et novembre 1910; pour les œufs et aux mêmes époques, il y avait diminution notable des prix.

Nous nous bornerons à de très courtes observations sur les autres villes de la région du Nord qui n'ont pas eu à subir de sérieuses perturbations.

A Amiens, Arras, Boulogne, Cambrai, Lille, Reims, les cours n'ont pas été troublés; il y a eu, mais sur certains produits seulement, des augmentations; encore ont-elles été peu sensibles.

Les commentaires qui précèdent auront simplifié la lecture de nos tableaux; à vrai dire ceux-ci ne gardent plus qu'une valeur justificative. Il est indéniable que les prix étaient hauts quand les manifestations ont débuté; mais le point essentiel, pour apprécier la sincérité du mouvement, est de savoir s'il avait sa raison d'être. Or, nous savons maintenant, par des comparaisons prises dans toutes les régions et étendues à toutes les principales denrées alimentaires, que les prix d'août 1911 ou n'étaient pas nouveaux, ou n'excédaient les prix antérieurs que de fort peu de chose. Ce n'est donc pas à cette date qu'aurait dû être engagée la campagne ; le motif des plaintes remontait en deçà d'août 1911, et l'agitation des ménagères n'était plus, quand elle est venue, qu'une fantaisie de tapageuses, ou un brandon de désordres qu'allaient utiliser des clans plus audacieux.

Telle est la conclusion que nous espérons avoir dégagée des tableaux ci-dessus.

CHAPITRE II

DU CARACTÈRE DE LA CAMPAGNE

Dès que la campagne n'était ni opportune par la nouveauté des prix, ni légitimée par l'impossibilité notoire de les diminuer, elle manquait de sincérité. Imagine-t-on, d'ailleurs, les ménagères de Ferrière-la-Grande assumant l'initiative et la direction d'un vaste mouvement populaire? L'inanité de leur tentative se révéla dès les premiers instants. Précisons les faits. C'est le 17 août que les ménagères se répandaient sur les premiers marchés; le 21 paraissait la 1re affiche de la C. G. T. Or, peu de jours après, des coups de sonde dans les masses ouvrières avaient permis de repérer les éléments perturbateurs; l'émeute — pour employer un mot nouveau — était, après cela, déclanchée. Elle passait, en effet, du bassin de Maubeuge dans le bassin houiller, où le parti syndicaliste est enrégimenté et soumis à la rigoureuse discipline de la C. G. T.; le citoyen Broutchoux avait reçu d'elle des lettres de créance spéciale et allait, de même que le maire-député de Denain, et les émissaires des autres régions, répandre la semence révolutionnaire. Les affiches publiées à Maubeuge et à Denain; les discours dans d'incessantes réunions publiques tenues partout, n'étaient que de retentissants appels à la révolte. Sous ces influences distributives ou combinées, Roubaix, Halluin, Tourcoing, n'ont pas tardé à entrer en lutte aussi. Nous savons comment ont été élaborées les émeutes de Saint-Quentin et celles de la Vallée de la Meuse. Tout cela répondait aux plans du syndicalisme révolutionnaire. Telle a été la psychologie de l'agitation (1). L'autorité supérieure voulait demeurer en coquetterie avec les socialistes; elle n'est entrée en action qu'aux derniers moments, et beaucoup pour rendre à ses soldats une disponibilité que commandait la situation extérieure. Mais la mesure d'une agitation vulgaire était dépassée; à vrai dire ce n'était ni plus ni moins que de l'insurrection à main armée. Des misérables sans aveu, marchant de concert avec des fanatiques pour terroriser la rue, saccager les propriétés et braver les lois, voilà ce que les populations du Nord ont vu s'accomplir dans une quasi-indifférence gouvernementale. Aussi est-ce avec une tristesse inquiète qu'un tel état de choses doit être envisagé par ceux qui méditent sur l'avenir de notre pays.

(1) La preuve du caractère révolutionnaire des agitations résulte des innombrables condamnations prononcées par les divers tribunaux de la région du Nord, et dont l'étendue va de 15 jours à 6 mois ; encore y en a-t-il eu d'exceptionnellement graves. Ainsi Broutchoux de la C. G. T., vient d'être condamné à un an de prison par le tribunal correctionnel de Douai.

TABLE DES MATIÈRES

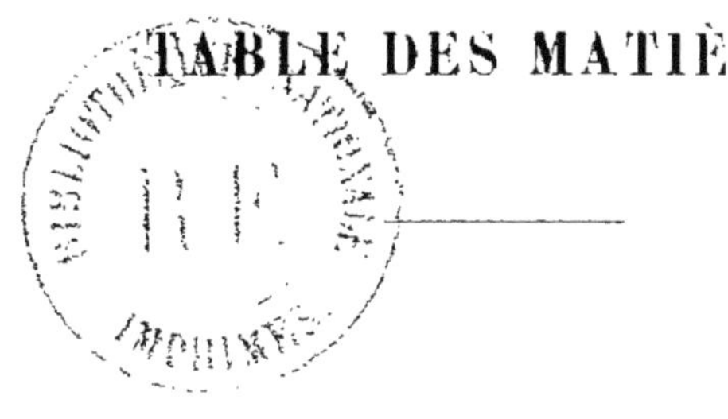

PITHIVIERS. — IMPRIMERIE PITHIVÉRIENNE. — 3593

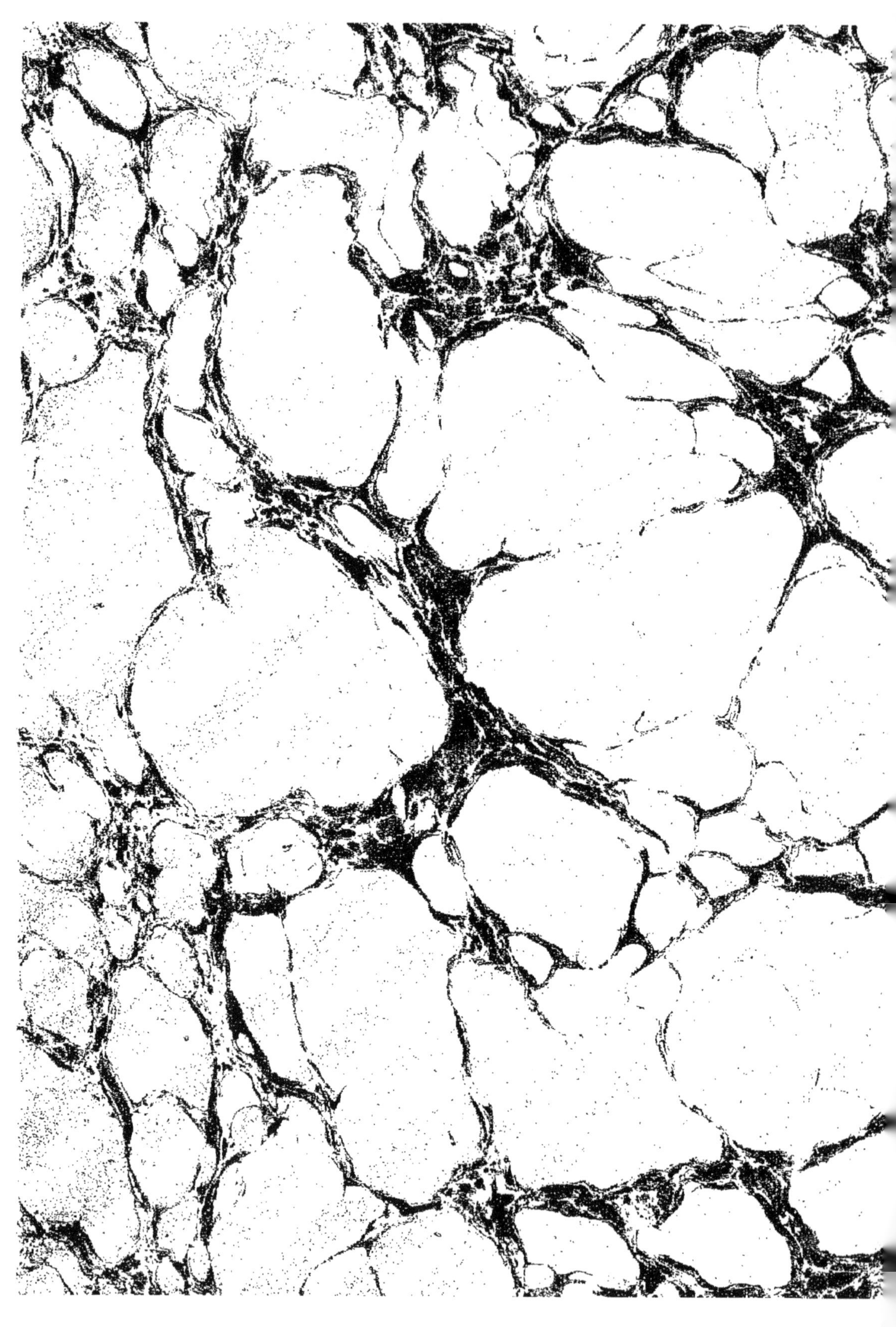

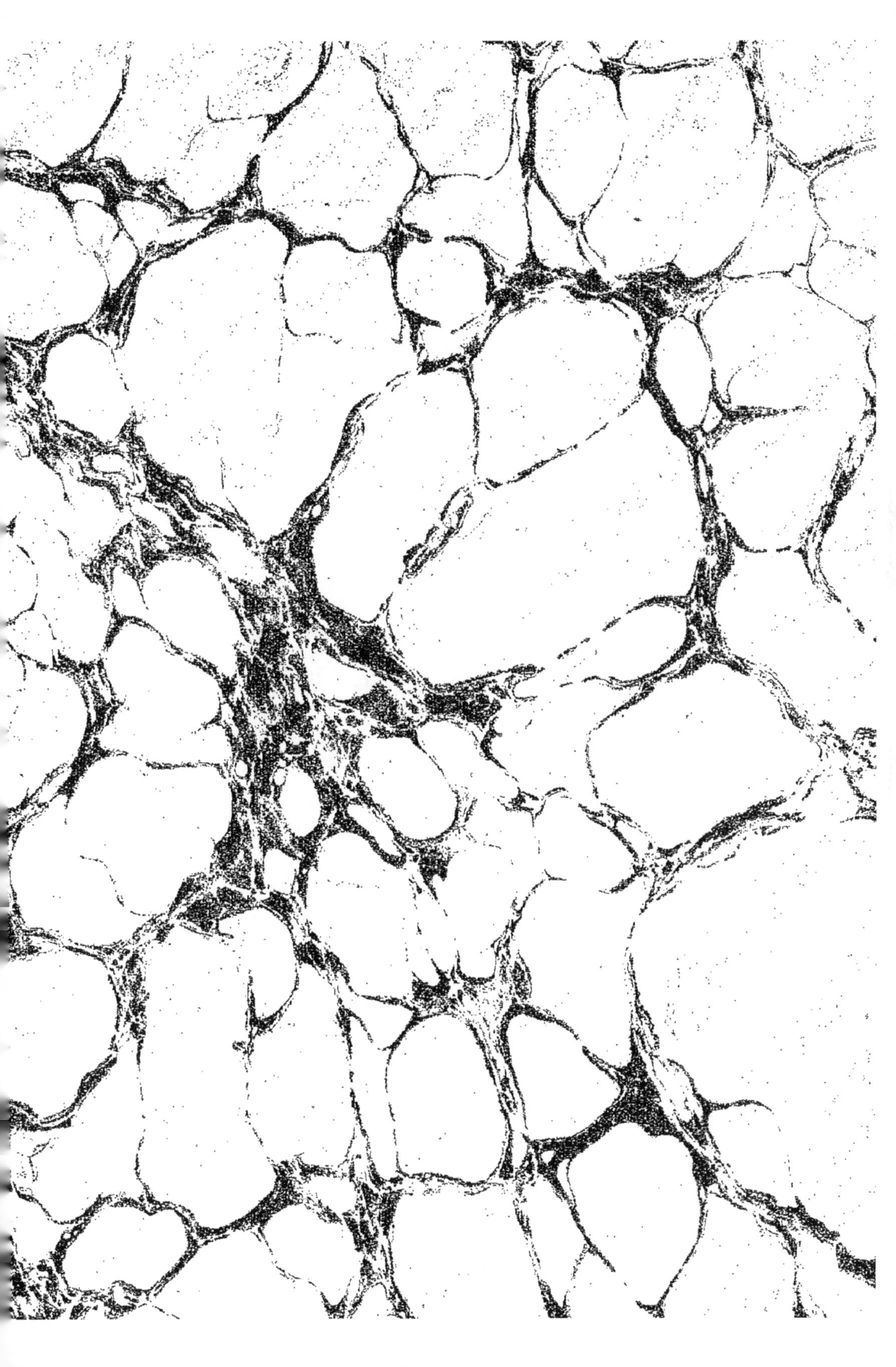

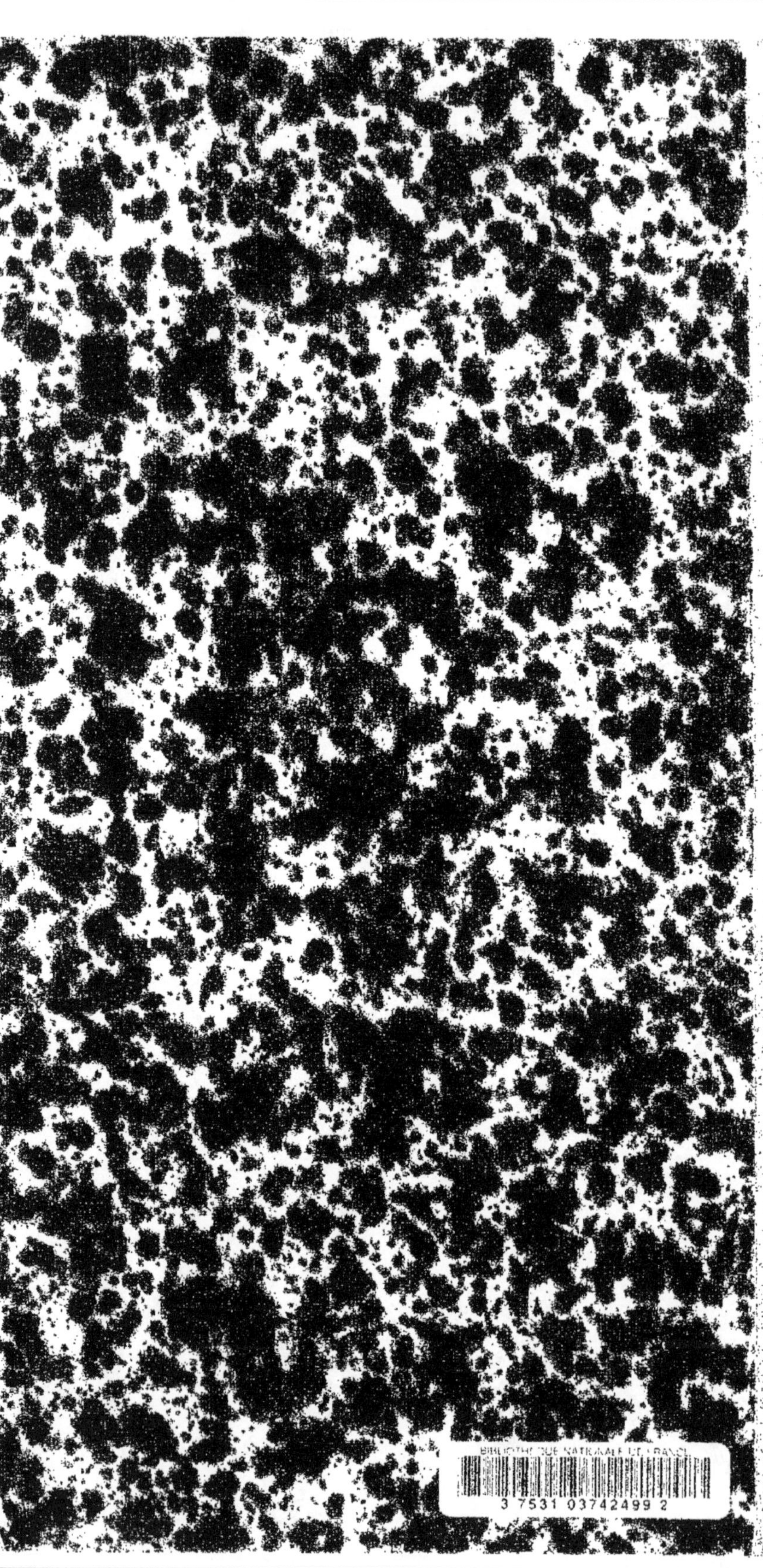